# 篮球技巧

王　刚　编著

中国社会出版社

## 《大众体育技巧丛书》

## 编委会名单

# 目　录

## 知识篇

## 技术篇

## 训练篇

# 知识篇

# 1 篮球运动简介

## 1.1 篮球运动的起源、传播和演变

篮球运动源于美国,产生于美国基督教青年创办的学校里。

美国基督教青年会，在美国的体育史上占有重要位置，对世界许多国家近代体育运动的发展产生过影响。基督教青年会比较重视青年的兴趣和爱好，能结合青年的特点进行以宗教为主的德、智、体三育教育，其本质是属于资产阶级教育的一部分。1885 年波士顿青年会在马萨诸塞州的斯普林菲尔德学院（旧译春田学校）设立体育部，近代的篮球运动就是出自这个学院。

1891 年 12 月 25 日，该校体育教师詹姆士·奈史密斯（James Naismith）博士设计并发明了篮球。据《篮球运动发展史话》记载：1850 ~ 1890 年基督教青年会发展很快，但到了 1890 年冬，参加青年会活动的人明显地减少了。为此，青年会的头头们十分忧虑，经过分析，认为主要是缺少一项适合在冬季室内进行的运动项目。根据当时的情况，奈史密斯博士认为，为了使新的体育竞技项目达到预期的效果，必须做到以下三点：

(1)为了消除人们对当时的体育运动由于粗野行为而产生的恐惧心理的误解（指橄榄球），新的竞技运动必须是“文明”的，严禁粗野的行为。

(2)为了弥补足球、棒球受季节、气候的局限，这是一项在冬季不受气候影响而能在室内和晚上进行的体育活动。

(3)必须改变过去采用瑞典、法国、德国式枯燥的训练方法，使不同年龄、性别的人都能参加这项运动，而且特别能吸引青年人参加。

最早的篮球运动是将装桃子的竹筐悬挂在健身房两侧的栏杆上，离地面 10 英尺，用足球作比赛用球，投球入篮得 1分，每次投中球后要登上梯子把球取出来，再重新开始比赛。1893 年才开始以带网的铁篮圈代替竹筐。

最早的篮球场地与参加活动的人数也没有统一的规定，队员没有固定的区域和固定的人数，只规定双方参加比赛的人数必须相等。

比赛开始时，双方队员跑向场中抢球，持球队员可以抱球跑到篮下投篮。比赛在两个 15 分钟内进行，中间休息 5 分钟，结果以投中球多的一队为胜。如果平局，经双方队长同意，比赛可以延至谁先命中一球为止。

为了防止粗野动作和抱球跑等现象的出现，1892 年，奈史密斯编写了《青年会篮球规则》，内容归纳为五项原则十三条规则。

5 项原则是：

(1)采用不大的、轻的、可用手控制的球；

(2)不准持球跑；

(3)严格限制队员之间的身体接触；

(4)球篮安装在高处，应该是在水平面；

(5)任何时候都不限制两个队的任何队员获得正处于比赛过程中的球。

13 条规定是：

(1)可用单、双手向任何方向扔球。

(2)可用单、双手向任何方向拍球，但是不准用拳击球。

(3)不准带球跑，接球队员可以在快速跑动中做急停接球，但必须在接球地点把球掷出。

(4)必须用手持球，不准用胳膊或身体夹、停球。

(5)不准用肩、手、脚撞，推、拉、绊、打等动作来对付对方队员。如违反此项规则，第一次是犯规，第二次再犯规就令其停止比赛，直到投中下一个球才允许上场。如果是故意犯规伤害对方，则取消他参加整场比赛的资格，而且不准许替补。

(6)用拳击球算犯规，是违反了第三、四、五条规则所叙述的。

(7)如果任何一方连续犯规 3 次，就算对方命中 1 球(连续的意思是指在这期间内对方队员未犯过规)。

(8)当防守者未接触到球或干扰球，球投入筐内就算命中，如球停留在篮筐边而对方队员移动了篮，也算得分。

(9)当球出界，由对方一个队员掷入场内。若有争议，由裁判员在靠近出界的边线外将球扔进场内。掷界外球时，应在 5 秒钟内掷入场内。如超过 5 秒钟，则判给对方发球；如故意延误时间，则判犯规；连续 3 次则取消比赛资格。

(10)副裁判是运动员的仲裁者，他要注意犯规情况，当某队已 3 次犯规时，他要报告正裁判，他有权根据规则第五条取消球员比赛资格。

(11)正裁判是球的仲裁者，他可以判定什么时候(球)处于比赛状态、球在界内属于哪一队和计时、记录得分，还有其他通常由正裁判执行的职责。

(12)比赛在两个 15 分钟内进行，中间休息 5 分钟。

(13)比赛时间到，以中球多者为胜。如平局，经双方队长同意，比赛可延至谁先命中 1 个球为止。

随着篮球运动的发展演变，规则也不断地修改变化，其目的是在公正、对等的条件下进行比赛，有助于篮球运动的发展与提高。

1892～1895 年间，篮球比赛在美国有 9 人制和 5 人制两种。现在的篮球比赛为 5 人制。

篮球运动逐渐成为世界性运动项目。女子篮球是 1892 年开始的，当时的比赛是 9 人制，场地也是分 3 区，同男子 9 人制相近。近代篮球运动 1892 年传入加拿大，1895 年传入中国天津，1900 年传入菲律宾，1904 年传入德国，同年列入近代奥林匹克运动会的表演项目，1936 年列为正式比赛项目。在美国的大、中学校里，最早成立了篮球代表队，进行比赛与表演活动。1908 年美国高等学校体育协会制定篮球规则，5 年后以 30 种文字在全世界出版发行。因此，篮球运动逐渐成为世界性运动项目，并且得到了全世界的公认和以迅速发展。

## 1.2 中国篮球运动的起源与发展

篮球运动于 1895 年由美国国际基督教协会派往中国天津基督教青年会任职的第一任总干事大卫·维拉利先生(David WillardLyon)介绍传入我国的天津市。1896 年在天津中华基督教青年会举行了最早的表演赛，以后逐步由天津向华北地区的北京、保定等地和华东地区的上海、南京等地以及华南地区的广州、香港等地区传播。1910 年在南京举行的旧中国第一届运动会上进行了篮球表演赛。1914 年篮球被列为第二届全国运动会的正式比赛项目，同年，女子篮球列为表演项目并在 1930 年的第四届全国运动会上成为正式的比赛项目。

篮球运动在旧中国虽然有 50 多年的发展史，但由于受到当时社会发展状况的制约，其开展并不广泛，只在一些大中城

市和一些院校及军队中开展，且大多作为体育课和文化娱乐的一种手段，发展比较缓慢。

新中国成立后，国家非常重视体育活动的开展，篮球运动也得到了蓬勃发展。1949 年新中国刚刚成立之时，我国就组成了大学生篮球队参加了国际比赛。以后，国家又采取了一系列措施，如 1950 年 12 月邀请世界劲旅苏联队前来访问比赛并借此组织学习研讨等活动，极大地促进了篮球运动在我国的普及和提高。至 20 世纪 50 年代末，我国的篮球运动已接近世界先进水平。但在十年动荡的“文化大革命”冲击下，中国篮球运动的发展出现了停滞和倒退，拉大了与世界强队之间的差距。1971 年我国开始重新组织训练青少年运动员，1972 年举办了全国五项球类运动会，逐步建立了自己的联赛体制，1973 年后恢复国际间的交往，1974 年开始参加世界性比赛。我国的男女篮球队分别在 1975 年和 1976 年获得了亚洲冠军，确立了亚洲强队的地位并走向了世界。1977 年我国女篮在世界大学生运动会上取得第 5 名；1978 年男篮参加第 8 届世界锦标赛获得第 11 名；1983 年女篮在第九届世界锦标赛中荣获第 3 名，取得了历史性突破；1986 年，男篮获得第 10 届世锦赛第 9 名。

1994 年底，我国开始篮球赛制改革，尝试将以前联赛的“赛会制”改为主客场制，并在 1995 年初试办了八强主客场赛，结果取得了巨大的成功。于是从 1995 年底开始，中国篮球联赛的赛制改为了跨年度的主客场联赛，简称 CBA 联赛。这一改革举措促使中国的篮球运动又进入了一个新的发展时期。2001 年底，中国女篮也开始效仿男篮，举办了主客场联赛，简称 WCBA 联赛。2002 年，在我国的江苏省又成功举办了世界最高水平的女子篮球比赛——第 14 届世界女篮锦标赛。这是国际篮球协会对我国女子篮球运动发展所取得成绩的肯定。

中国篮球在世界大赛中取得的最好成绩是：男篮在1994年第12届世界锦标赛和1996及2004年奥运会上3次闯入世界前8名；中国女篮则在1992年奥运会和1994年世锦赛上两次荣登亚军领奖台。

## 1.3 现代篮球运动的特点和发展趋势

现代篮球运动首先表现为多层次性：职业竞技、群众业余、商业赞助等全方位发展，特别是群众业余篮球活动的迅猛开展，爱好者越来越多，3人篮球赛的吸引力越来越大就是一个例证。篮球运动的健身娱乐价值迅速提升。现代篮球运动的商业和社会价值被逐渐关注和开发，由于参与人数多，观赏性强等特点，引起了政府、社会和企业等的关注。来自政府及社会较大的投入，极大地改善了篮球运动的环境。

现代职业竞技篮球运动将继续向“高”、“快”、“全”、“准”、“变”和女子篮球“男子化”、明星更加突出、技战术运用向“精练化”、“技艺化”、“智谋化”的方向发展，而“高、快、全、准、变”等的含义又有了新的变化。随着现代篮球运动的继续发展，将会使人感觉到球场越来越小、比赛时间越来越短、篮架越来越低、篮筐越来越大、场上变化越来越快、队员身体接触越来越频繁剧烈、核心球员的特殊功能越来越突出、女子篮球越来越接近男子篮球。

“高”：主要包括身高、弹跳、高空技战术和空间对抗能力等，要成为世界强队必须具备一定的“高度”。目前世界强队中男队的平均身高约为200~205厘米(中锋身高约215厘米，前锋身高约200~210厘米，后卫身高约190~200厘米)；女队的平均身高约为183~185厘米(中锋身高约195~200厘米，前锋身高约 185~190 厘米，后卫身高约 175~180 厘米)。除了身高之外，优秀运动员也都具备了出色的弹跳，许多男子运动员的净跳高度超过了 100 厘米，比赛中争抢篮板球的高度可达到 330~350 厘米以上，例如 NBA 的飞人乔丹，他的助跑摸高超过 380 厘米。被称为“滑翔机”的德雷克斯勒(职业生涯 1983~1998 年)面对着 355 厘米高的篮圈照样能扣篮。而早在 20 世纪 60 年代就有“盖帽祖师爷”之称的拉塞尔(身高 206 厘米)，可以轻松地摸到篮板上沿(395 厘米)。有资料显示：20 世纪 80 年代初就有美国的黑人女子篮球运动员在训练中表演了扣篮动作。现代世界著名的美国女子篮球运动员莱斯莉(洛杉矶火花队，身高 196 厘米，2002 年世界女子篮球锦标赛及多次 WNBA 联赛等重大赛事的最有价值球员获得者)，在 2002 年赛季的 WNBA 联赛中成功扣篮，成为第一个在职业联赛中扣篮的女子篮球运动员。我国也涌现出了一大批有“高度”的球员，例如前国家队队长孙风武(身高 186 厘米)可以轻松地双手正、反扣篮；王非(前国家队队员，曾任国家队主教练，身高 192 厘米)在比赛中可将队友投篮未中的球直接按进篮筐。来自山东的宋涛(身高 208 厘米)，是第一位被 NBA 球队(亚特兰大鹰队)选中的中国球员。近年来又涌现出了胡卫东(身高 198 厘米)、王治郅(身高 214 厘米)、姚明(身高 226 厘米)等一批能完成“空中接力扣篮”的优秀选手。当然，优异的身高及弹跳只是成为优秀选手的基本条件之一，在此基础上还必须具备高超的空间技、战术和空间对抗能力。从近年来的发展变化看，世界强队在提高技巧的同时，身高增长日趋平缓，但体重明显增加。这说明身体的对抗将日趋激烈。

“快”：快速是篮球运动的核心和灵魂。由于进攻时间的限制，现代高水平竞技篮球，攻防转换的速度越来越快，各队不断强化“快”的意识和“快”的训练，使得比赛中各个环节的衔接越来越快，运动员完成技战术的动作速率及转换越来越快，各种有针对性的制约与反制约的变化也越来越快。但是，并不是在任何情况下都一味求快，对节奏的控制与把握更能显示出控制比赛水平的高低。

“准”：具体反映在投篮和传球的准确性上。首先以远投和强对抗下的投篮命中率为代表；其次还表现为攻守技术运用的准确性的提高，以及实现技、战术配合在时间、空间、节奏等方面的准确把握。现在篮球竞赛积分的高比分的特点是：第一，以 3 分球为重点的投篮准确性继续提高；第二，掌握攻守技术、运用攻守技术与变化准确性提高；第三，战术配合的时间与空间、地面的接和的准确性提高。由此可见，若想成为世界性强队必须具有以下几个条件：

(1)全体成员中高大队员的数量和质量；

(2)特殊高大中锋队员的数量和质量，能给对方构成威胁力和实战攻击力；

(3)具有全面型明星队员具备核心的组织才能；

(4)全队个人和整体作战的速度与节奏；

(5)具有独特的个人与全队整体防守的意识作风和看家本领；

(6)教练员必须具备较高的智能结构，树立科学化的训练思想，并与科学管理神妙结合。

“全”：要求运动员具备全面的身体机能、身体素质、心理、智力、思维、技战术水平、协同配合等，攻守能力也需全面均衡。

“变”：技、战术的发展和规则的变化及对手的具体特点等，迫使运动员不断提高自身能力，并适当调整技、战术的运用。现代篮球运动既是实力的对抗，又是智谋的决战，在各队实力日趋接近的比赛中，如何面对赛场的千变万化，已成为取

胜的关键。

“星”：现代篮球比赛中，明星球员的作用日趋重要。他们的共同特点是作风顽强、技术全面、特点突出、心理稳定、得分能力强、攻守兼备、智勇双全，在全队最困难和最需要的时候，往往是他们挺身而出，率领全队渡过难关。因此每个队都应有自己的明星球员，都应该下大力气培养自己的明星球员。

“技”：现代篮球比赛已将技、战术与艺术融合为一体。有时，篮球比赛场已成为高水平运动员展示其高超技巧、体能和智慧的艺术舞台，给人以美的享受和健康向上的启迪。

“阵”：在排兵布阵中苦思冥想，细致演练。依据自己现实的条件，结合对手的具体情况，追求最大限度地发挥本队个人和全队的特长，以扬长避短，尽可能有效地抑制对手的特长，争取比赛的主动。

“帅”：教练员是一队之主帅，负责球队的训练和比赛，决定着球队的发展前途，特别是在一强一弱、实力相当或决战的关键时刻，他对赢得胜利起着决定性的作用。

女子篮球“男子化”：现代的女子篮球运动与男子的差距日益缩小。以前只在男子篮球中才出现的技巧、战术等，现在已经越来越频繁地出现在女子篮球中。

# 2　国内外篮球组织和篮球名人简介

## 2.1 国际篮联(FIBA)简介

国际篮球联合会(International Basketball Federation，FIBA)简称国际篮联,1932 年 6 月 18 日在瑞士的日内瓦成立。创办国为阿根廷、希腊、意大利、葡萄牙、罗马尼亚、瑞士、捷克斯洛伐克和拉脱维亚共 8 国。现有 212 个协会会员,分属国际篮联承认的非、亚、美、欧和大洋洲 5 个大洲篮球联合会。全世界的篮球爱好者人数已达 4 亿,其中妇女占 1/3,篮球运动员有 3000 万人。国际篮联总部设在瑞士的日内瓦。

1936 年篮球首次进入奥运会赛场。国际篮联的任务是发展世界业余篮球运动,制订比赛规则,确定场地和器材规格,委派国际比赛的裁判员并对其工作进行监督,确定运动员协会间的转会。

国际篮联的正式工作用语为法、英、西、德、俄语。

国际篮联的机构有代表大会、中央局及其执委会、秘书处和专门委员会。代表大会是最高权力机构,每 4 年召开一次,每个协会会员可派两名代表与会。代表大会有权通过和修改章程,批准国际篮联的内部细则和各委员会的条例;选举中央局;通过各种总结报告、文件和财务委员会的预、决算;确定每年的经费分配;授予荣誉称号;审批与其他国际体育组织和奥委会

有关的决定、吸收和开除会员或暂时中止其会籍；批准或修改比赛规则以及有关场地、器材的规定。

中央局是国际篮联的领导机构。每4年改选一次，可以连选连任。中央局由主席、两名副主席、秘书长及来自五大洲地区组织的代表共20名正式委员及3名当然成员（副秘书长、司库、小篮球委员会代表和篮球教练员协会代表）组成。每年开会两次。中央局选出7人执委会。执委会在中央局闭会期间行使中央局的职权。中央局主席、秘书长和司库是执委会的当然成员。秘书处由秘书长及其助手组成，其任务是保证代表大会、中央局和执委会的决议顺利执行，组织奥运会篮球赛和国际比赛；筹备和组织代表大会的召开；代表国际篮联参加国际奥委会的一切会议；保管档案；收会费；考核开支情况和传递最新信息；保证遵守国际篮联的章程和其他规定等。

国际篮联设有技术委员会、国际竞赛委员会、法律事务与资格委员会、申诉委员会、财政委员会、医务委员会、残疾人篮球委员会和传播媒介委员会。其下属组织还有世界篮球教练员协会（WABC）、国际轮椅篮球联合会（IWBF）和国际篮球文献与研究中心（ICDRB）。为了发展青少年篮球，国际篮联设有国际小篮球运动委员会，与协会会员一道合作发展这项活动，主席由中央局委员担任。小篮球有自己的章程。小篮球委员会全会每4年召开一次。

大洲组织的任务是发展本地区的篮球运动，举办洲或地区性的比赛，督促执行国际篮联的章程和规定，向国际篮联通报在该区举行的国际比赛的成绩，向中央局和代表大会报告工作等。

国际篮联有一个名为“篮球发展”的有限股份公司（FBP），该公司下设管理部、研究部和营销部。

国际篮联的主要比赛有奥运会篮球赛（包括选拔赛）、世界锦标赛(男、女,每4年一届)、世界男子青年锦标赛(22岁以下)、世界男女少年锦标赛、大洲锦标赛(每两年一届)、国际篮联杯赛和其他重要比赛。

中国篮球协会于1936年加入国际篮联,1958年退出,1974年恢复在国际篮联的会员资格。现任主席程万琦。

## 2.2 中国篮球协会(CBA)简介

中国篮球协会(China Basketball Association),简称中国篮协(CBA)。它所主办的CBA联赛是中国的跨年度主客场甲级联赛的简称,始办于1995年。联赛分为南北两个赛区,自每年的11月开始至次年的4月结束,历时约6个月。2004年4月,国家体育局篮球运动管理中心正式推出“北极星”计划,力图将CBA建设成仅次于NBA的世界第二大联赛,让篮球成为中国第一运动。

2004~2005联赛由原来12支球队增加为14只,比赛先由南北两个赛区球队进行双循环赛,再进行不同赛区球队的单循环赛,决赛为5场3胜制。这样,同一个赛区球队本赛季常规赛将采取两次主客场制,不同赛区的球队常规赛只进行一次主客场交锋。每支球队常规赛的比赛场次将增加到38场,远远高于2003~2004赛季的22场。

南北赛区排名前四位的球队进入季后赛,争夺最终的联赛冠军。从联赛的规模和管理、运作等方面比较,中国的CBA联赛已经成为仅次于美国NBA联赛的世界第二大篮球联赛。

2005~2006赛季CBA球队有:北京金偶、八一双鹿、广东宏远、江苏同曦、福建SBS、浙江万马、吉林通钢、河南济钢、辽宁盼盼、山东金斯顿、上海东方、陕西汉斯、新疆广汇、云南红河和东莞新世纪。

2005 ~ 2006 赛季的冠军球队是广东宏远队。八一队是传统强队，蝉联了 1996 ~ 2001 年的冠军。

## 2.3 中国大学生篮球联赛(CUBA)简介

中国大学生篮球联赛(China University Basketball Association)简称 CUBA 是中国体育史上第一个面向高校、面向社会，以培养高素质、高水平篮球人才为目标，采取社会化、产业化运作模式的大学生专项运动联赛。1996 年开始酝酿，1997 年建章立制，1998 年正式推行，历经 8 年 6 届的发展，已成为国内篮坛两大赛事之一。

CUBA 联赛的宗旨是“发展高校篮球，培养篮球人才”，它言简意赅地概括了 CUBA 联赛的人才观和发展观。

CUBA 联赛赛季纵贯整个学年，从每年 9 月开始基层预选赛，到次年 6 月决出总冠军，时间跨度长达 10 个月。CUBA 联赛是国内地域覆盖范围最广的单项赛事。全国 34 个省级行政区中，目前除西藏、贵州、香港、澳门、台湾之外，共有 29 个省区的高校定期参加 CUBA 联赛；根据最新的统计数字，第 8 届 CUBA 联赛基层预选赛共有 478 所普通高等院校、683 支代表队报名参赛，其中男队 372 支，女队 311 支。教练员、运动员总数超过 1 万人。



## 2.4 美国篮球联赛(NBA)简介

NBA 联赛是由美国“全国篮球协会(National Basketball Association)”创办的比赛，其比赛的激烈程度和水平之高被世人公认为“世界之最”。

1896年，美国第一个篮球组织“全国篮球联盟(简称NBL)”成立，但当时篮球规则还不完善，组织机构也不健全，常常是一名队员在一个赛季中可以代表几个队参赛，经过几个赛季后，该组织就名存实亡了。

1946年4月6日，由美国波士顿花园老板沃尔特·阿·布朗发起成立了“美国篮球协会”，布朗首次提出了后来成为现代职业篮球两大基石的高薪制和合同制。高薪制是指职业篮球必须有雄厚的财政支援，这样才能使比赛保持在高水平上，吸引观众，求得生存。合同制是指一名选手只能与一家俱乐部签订合同，并设立选手储备制，以防在球员突然离队时受到损失。

1949年，在布朗的努力下，美国两大篮球组织BAA和NBL合并为“全国篮球协会(简称NBA)”，布朗也成为后来著名的波士顿凯尔特人队的创始人。NBA成立时拥有17支球队，分成3个赛区比赛，来自NBL的明尼阿波利斯湖人队，依靠身高2.09米的美国第一中锋乔治·迈肯的帮助，获得了NBA第一个赛季的冠军。从1954~1955赛季起，NBA经自然淘汰只剩下东部联盟和西部联盟两大赛区。其中，东部联盟又分大西洋区、中区；西部联盟又分中西区、太平洋区。

1952年，NBA为了限制第一中锋迈肯的得分能力，将篮下3秒禁区宽度由原来的6英尺扩大到12英尺。到了60年代，由于另一位超级中锋张伯伦的出现，NBA又将禁区宽度扩大到16英尺。



由于NBA的球队在比分领先时常采用拖延战术，使比赛不能吸引观众，从1954~1955赛季起，NBA开始实行24秒制，即每队每次进攻不得超过24秒。1973年，美国哥伦比亚广播公司以2700万美元买下NBA比赛3年的播映权，从而使NBA比赛首次走上电视，但由于当时还不具备实况转播的条件，所以只能播放录像。

1967 年，一个新的篮球组织 ABA 宣告成立，乔治·迈肯任第一位主席。ABA 采用红、白、蓝三色篮球，并实行远投 3 分制，每年还举办扣篮大赛。这些措施在 NBA 是不允许的。但由于经营不善，ABA 于 1976 年被 NBA 吞并。从此，NBA 形成对美国篮球业的垄断。

1979 年起，NBA 开始实行 3 分远投制。为避免各队的实力悬殊太大，NBA 建立了每年一度的“新秀选拔制度”，将当年毕业的大学生选手以及其余参选球员按水平高低排出名次，然后由各俱乐部按当年联赛的最后排名依次挑选，排名靠后者先选，每轮各队只能选择一名，这样就保证了实力最弱的球队能得到水平最高的新秀，选到新星的弱队在新赛季中往往会脱胎换骨。为避免财大气粗的球队用高薪垄断明星球员，NBA 规定了每支球队的工资总额限制。这一制度保证了最好的明星平均分布在各个球队，使各队实力十分接近。如果说“高薪制”和“合同制”是 NBA 的两大基石，那么“新秀选拔制”和“薪金限额制”则确保了 NBA 比赛的激烈和精彩，比赛的不可预测性将众多的美国球迷吸引到篮球场。

1995 ~ 1996 赛季中，NBA 球队首次扩大到美国以外的地区，两支加拿大球队，多伦多猛龙队和温哥华灰熊队加入到 NBA 赛场。如今，温哥华灰熊队搬到了孟菲斯，猛龙队坚守着美国以外的最后一块领地。



## 2. 5 美国大学生联赛(NCAA)简介

NCAA 是美国大学生联盟锦标赛(National Committee Association America)的简称。它是由全美国千百所大专院校参与结盟的一个协会，其中篮球锦标赛创立于 1938 年。在美国最早的大学篮球联赛是长春藤大学联盟(Ivy League)，于1901年举行。

NCAA的一级大学男子篮球赛约有300多所大学参加，分32个赛区进行常规赛。球队除了要在本区进行主客场比赛外，区与区之间也要比赛，主要是球队自身来选择对手。由于NCAA有300多支队伍，不能像NBA那样全部对赛，所以出现的资格是根据区内的成绩及NCAA评选委员会选出。每个区冠军获得自动晋级64强的资格，余下的名额由评审委员会根据球队在常规赛和跨区比赛中的表现商议选出。

NCAA的64强赛于每年3月举行，此时比赛进入高潮，通常被称为“疯狂三月(March Madness)”。64支队伍分为4个区进行淘汰赛，产生16强(甜蜜16 Sweet Sixteen)，继而再产生4强(Final Four)。最后，4强球队集中在一个城市进行决赛。

## 2.6 欧洲联赛简介

欧洲的篮球联赛是除美国NBA联赛外水平最高的篮球联赛，分为男子联赛和女子联赛。其中，男子篮球的联赛就有卡拉奇杯、冠军联赛、俱乐部联赛等，女子篮球也有几个联赛。由于近年来国内媒体一直偏重于介绍NBA联赛，对欧洲的联赛介绍较少，关注欧洲联赛的人也较少。但是欧洲联赛培养了许多优秀球员，也向NBA输送了许多优秀球员，使NBA逐渐走向国际化。

## 2.7 中国篮球名人简介

(1)董守义(1895～1978年)

董守义被誉为“中国篮球之父”。

董守义1895年11月20日出生于河北省蠡县。他从小酷爱篮球运动，为中国体育事业奋斗了一生。

1907年初，董守义进入保定公理会办的同仁学堂。在一次课外活动中，新来的体育教师把两只没有底的竹筐钉在操场两端树干上，然后对着一群身着长衫的学生说：“同学们，今天我教大家玩一种新游戏——筐球。”他双手持球，从腰前向前上方投出，球不偏不倚地落进竹筐，操场上响起孩子们惊喜的笑声和欢呼声。他要孩子们把长襟掖在腰间，辫子盘在头上，然后教他们拍球、运球、传球……董守义觉得这比兵操好玩多了，很快迷上了这新奇的玩意儿，球技也不断提高。1910年初，董守义来到通县协和书院中斋部上学，协和有重视音乐和体育的传统。每到下午课后，学生们纷纷走出教室，参加篮球、足球、田径、网球、棒球等各种运动队的锻炼。在中斋部学习的两年里，董守义的球艺和他的个子一样长得很快。他的身材、球技和为人，使他一升入大学部就成了校篮球队的队长和中锋。

董守义大学毕业后，摆在他面前的一条路是当传教士，另一条路是干体育，他选择了后者。他应美国篮球运动的创始者奈斯密斯教授的高材生蔡乐尔(天津基督教青年会体育干事)之邀，到天津青年会体育部当练习生。不久，南开学校的物理教师兼体育主任章辑伍找上门来，代表张伯苓校长邀董守义到南开任教。董守义虽与张伯苓尚无个人来往，但已久闻其名，于是欣然接受南开之聘。在董守义和章辑伍等教师的共同努力下，南开学校的篮球运动更加活跃，水平迅速提高，培育出“南开五虎”这样的一代篮球名将。

1923 年 5 月下旬，董守义被青年会推荐到美国麻省斯普林菲尔德市的春田学院进修。1925 年回国后任天津青年会体育部主任。1936 年以篮球队教练身份参加第 11 届奥运会，并作为中国体育考察团成员，赴丹麦、瑞典、德国等进行考察。1947 年被选为国际奥林匹克委员会委员。1948 年任中国参加第 14 届奥运会代表团总干事。中华人民共和国成立以后，他曾任中华全国体育总会副主席，为新中国奥林匹克运动的发展和在国际奥委会中恢复我国的合法席位做出巨大贡献。

1978 年 6 月 13 日，董守义因患癌症逝世。他的主要著作有《国际奥林匹克》、《欧洲考察日记》、《篮球术》、《最新篮球术》、《足球术》、《田径赛术》等书。

(2)陈文彬(1931 ~ 1979)

中国男子篮球运动员，教练员，河北乐亭人。1951 年肄业于北京大学。1949 ~ 1954 年期间，曾代表中国学联队、中国青年队和国家队，多次参加重大国际比赛与友好访问比赛。1951 年任新中国第一支国家男子篮球队队长。1954 年任中国男篮助理教练，1955～1965年担任中国男篮主教练，1966年历任北京男篮教练、北京篮球队总教练。1979年，率北京男篮在上海比赛时，因心脏病突发以身殉职。在他任教期间，先后培养出钱澄海、杨伯镛、张锡山、蔡集杰、王利发、安毓平、张光禄、张卫平等优秀选手。他曾兼任中国篮球协会副主席、中华全国体育总会委员等职，发表过大量有关篮球训练与比赛方面的经验总结与文章。

(3)钱澄海(1934～)

图右

中国男子篮球运动员，运动健将，浙江都县人。1951年参加中国人民解放军。1955年入选“八一”篮球队。1956年入选国家集训队。1956～1965年任国家男篮队长，核心后卫。他防守好，抢断球迅速，善于发动快攻，急停跳投准确，多次参加国际比赛。在国家队期间，他率队1959年战胜欧洲篮球锦标赛冠军匈牙利队和第3届世界篮球锦标赛第4名保加利亚队，同年被贺龙同志树为“全国体育标兵”。1963 年获新兴力量运动会男篮比赛冠军。1964 年战胜第 18 届奥运会男篮第 6 名波兰队。1971 年任中国男篮教练，1981 年任副总教练，后任总教练。钱澄海将中国男篮调理得有声有色。针对世界不同强队，组织不同打法，使中国男篮在亚洲确立了霸主地位。他也成为 20 世纪 80 ~ 90 年代的全国十佳教练员之一。1984 年被评为新中国成立 35 年来杰出运动员。1989 年被评为建国 40 年来杰出教练员，同年获国家体委颁发的体育运动荣誉奖章，曾当选为第 3、5、6 届全国人民代表大会代表。曾任中国篮协男子教练委员会副主任，国际篮联世界篮球教练员协会亚洲代表。

(4)胡卫东(1971 ~ )

胡卫东，被誉为“中国乔丹”。现任江苏同曦队主教练。

江苏省徐州市人，运动员、优秀后卫。1987 年至今先后在江苏青年队、江苏队、国家青年队、国家队效力。期间，曾获得 1993 年世界大学生运动会第 3 名，东亚运动会冠军，1994 年、1998 年亚运会冠军，1995 年、1999 年亚洲锦标赛冠军，获得 1993 年全运会“得分”、“三分球”、“快攻”、“抢断”奖，获得 1995 ~ 1996、1996 ~ 1997 连续两个赛季全国男篮甲 A 联赛“最有价值球员”称号，获得 1995 ~ 1996、1996 ~ 1997、1999 ~ 2000 赛季全国男篮甲 A 联赛“得分王”、“三分王”、“抢断王”称号，并多次入选甲 A 联赛最佳阵容。1999 年获得“亚洲最有价值球员”。1994 年第 12 届世界男篮锦标赛和 1996 年第 26 届奥运会男篮比赛第八名。入选中国篮球 50 杰。胡卫东动作灵活，手感极佳，远投奇准，抢断、突破迅猛巧妙，技术全面。

(5)刘玉栋(1970 ~ )

刘玉栋号称“战神”。刘玉栋作为球员时，刚毅、勇猛的前锋刘玉栋永远是主帅心中最放心的一员虎将。他擅长中投，后仰投篮令对手难以防范；防守认真顽强，判断准确卡位好；技术全面、作风顽强。刘玉栋一直为八一队效力，由于长年大负荷地运动，他右膝囊肿的毛病一直得不到根治，这也是他退役的一大主要原因。

他曾代表解放军队夺得七运会、八运会、九运会、十运会冠军。作为八一队队员，获得 CBA 联赛 1995 ~ 2001 年和

2002～2003年的CBA冠军。CBA 10年最佳球员。CBA历史上惟一一个单赛季独揽“联赛最有价值球员”、“常规赛最有价值球员”和“得分王”三大奖项的运动员。1993年、1995年、2001年亚锦赛冠军。1998年第13届亚运会及2002年第14届亚运会亚军。同时他也是中国队在1994年夺得世锦赛和1996年奥运会获第8名的重要成员。

(6)姚明(1980～)

身高2.26米的小巨人姚明是中国篮球的骄傲。他以2002年选秀状元的身份进入了NBA的休斯敦火箭队。在此之前，他代表国家队获得了1999年亚洲男子篮球锦标赛冠军，并且入选亚洲明星队。2000年获得ESPN全球最有潜力运动员奖。作为上海东方大鲨鱼队的球员，他带领球队在2002年取得了CBA联赛的冠军。同年获得世锦赛第12名，入选最佳阵容。他的出色表现引起了NBA球探的注意，顺利地以状元身份进入了NBA。成为了NBA历史上首位外籍状元秀。

在进入NBA后，他取得了非常大的进步，迅速成为NBA的顶尖中锋。2003年以来每个赛季的西部全明星首发中锋。2004～2005赛季和麦迪并肩带领火箭队挺进季后赛，最后以

3:4 惜败于强敌小牛队。他在 2004 年奥运会上带领中国队背水一战，胜了塞黑队，取得了第 8 名的成绩。

姚明已经成为中国年轻人在美国甚至全世界的形象代表。在篮球场上他有梦幻的脚步，精准投篮，柔和的手感，良好的意识和勤奋好学的精神，在场下他的谦虚、智慧及幽默风趣都给人留下了深刻的印象。

## 2.8 外国篮球名人简介

(1)张伯伦(1936～1999 年)

威尔特·张伯伦 1936 年 8 月 21 日出生，身高 2.16 米。1978 年入选美国篮球名人堂。1959 年，张伯伦加盟当时的 NBA 费城勇士队，开始了他传奇的职业生涯：7 次 NBA 常规赛得分王，11 次篮板王，以中锋身份得到 NBA 常规赛助攻王；1961～1962 赛季，创下在常规赛 82 场比赛中平均每场得 50.4 分的纪录，至今无人打破；单场比赛个人独取 55 个篮板球，至今无人接近这个纪录；1962 年 3 月 2 日，在与纽约尼克斯队比赛中一人独得 100 分，至今无人能破这个纪录。

1961～1962 赛季，他的场均时间为 48.5 分钟，原因是他整个赛季每场球都打满全场，其中还包括加时赛。在联盟 50 多年的历史上，没有第二个球员能做得到这点；至今张伯伦仍以 23924 个篮板球高踞 NBA 篮板排名榜之首。

数据是褒贬一名运动员的最重要标准，对于这样一位“熟悉”的陌生人，这些数据是我们认识他的最好参照。正因为此，张伯伦在自己的职业生涯中一直受到“特殊照顾”。

在张伯伦代表堪萨斯大学参赛时，他的队友通常只要把球往篮圈的方向抛去，张伯伦就能跳起空中接力灌篮。因为对手完全无法防守他，大学联赛组织者只好规定，张伯伦在比赛中不得用手碰篮圈。

进入 NBA 以后，张伯伦常守候在罚球区外，接到队友的传球后一个跨步冲击篮下——得分，他把这招用得炉火纯青(平均每场比赛得 37.6 分)。NBA 官方只得在张伯伦加盟联赛后的第二年将罚球区宽度改为 4.8 米。原来设置 3.6 米罚球区的初衷，是为了限制 NBA 史上第一个划时代的中锋——乔治·麦肯。但不曾想，张伯伦再多跨一步，照样轻易得分。

在进入 NBA 的最初 7 年里，张伯伦最大的乐趣是得分，他连续 7 年获得了 NBA 得分王的荣誉。一些 NBA 权威人士对张伯伦颇有意见，说张伯伦缺乏团队意识，打球常要队友以他为中心。这似乎能解释他长达 13 年的职业球员生涯里只赢得过两次 NBA 总冠军的原因。

每个球员都向往冠军，张伯伦也要为此去改变。在 1966～1967 赛季，张伯伦来到费城 76 人队，接受著名教练汉纽莫的指导。在随后开始的赛季里，人们发现张伯伦改变了他自己原有的打球风格，不再只是一味去追求个人得分，而把更多的精力集中到了防守与助攻上，更注意与全队的配合。

1972 年，在当年赛季开始之前，时任湖人队主教练沙尔曼告诫张伯伦要重视与全队配合，按时参加全队的训练。张伯伦当时表示，“我是一个夜猫子，每天只能中午起床。不过为了全队，我可以改变自己的生活方式。”这一年的湖人队阵容是历史上最强的队伍之一，张伯伦与韦斯特配合默契，一年的努力为张伯伦带来了第二个 NBA 总冠军。1973 年，36 岁的张伯伦退役。一个巨人的时代结束了。

(2)卡里姆·阿卜杜勒·贾巴尔(1947～)

卡里姆·阿卜杜·贾巴尔 1947 年 4 月 16 日出生，身高 2.18 米，他在 NBA 20 年的征战中给后人留下了一大摞至高无上的纪录，“天勾”的雅号世界闻名。1995 年，入选美国篮球名人堂。

卡里姆·阿卜杜·贾巴尔出生于纽约市，原名刘易斯·奥辛道尔。小时候，他因为鹤立鸡群而被孩子们视为怪物。上初中时，他为了掌握勾手投篮的技术，常常在体育馆内摸黑练习，至今 NBA 没有人在这项技术上超过他。高中时，他带领校队夺得全国冠军，而后一帆风顺地进入全美篮球名校——加州大学洛杉矶分校(NCLA)。结果，在1967、1968和1969年连续3年，NCLA都轻松夺得美国大学篮球比赛冠军。而贾巴尔本人也获得3次全美大学最佳选手称号。

1969年夏，贾巴尔被密尔沃基雄鹿队在第一轮首位选中。当年贾巴尔就使雄鹿队的战绩由第一年的27胜55负提升为56胜26负。贾巴尔刚出道就成为NBA中最有实力的新一代中锋。他的平均每场28.8分的得分和平均每场14.5个篮板球分别排在全联盟的第二和第三位。1971年，他和31岁的老将罗伯特森一起带领雄鹿队以4:0横扫洛杉矶湖人队，夺得他本人和雄鹿队的第一个NBA冠军。在雄鹿队的6年，他4次当选最有价值球员，形成他篮球生涯中的第一个高峰。1976年6月16日，贾巴尔转会到湖人队，在此效力14个赛季。1980年，这名天才中锋和天才后卫“魔术师”约翰逊结合，此后为湖人队建立了近十年的霸主地位，并在1980、1982、1985、1987和1988年五夺NBA总冠军，贾巴尔又两次当选NBA最有价值球员，开创了他篮球生涯的第二个高峰。

贾巴尔除了继承传统中锋的强健之外，还显示了以前中锋少有的灵敏、优雅和多才多艺。在篮球历史上还没有一个人可以像他一样如此长时间和如此广泛地统治着篮球赛场。他在20年NBA的生涯中所获的荣誉，令任何其他职业篮球选手都难以企及：最佳新人奖，6次NBA总冠军，6次NBA MVP奖，2次NBA总决赛MVP奖，19次参加NBA全明星赛，2次得分王，拥有8项NBA季后赛纪录和7项全明星纪录；在他1989年退役时，有9项主要的统计数据名列NBA第一：总得分38387分，比排在第二的张伯伦高了7000多分；共打了20个赛季，5762分的季后赛得分，6次最有价值球员称号，57446分钟的上场时间，参赛1560场，28307次出手投篮，15837次命中，3189次盖帽。这些都印证了他在1971年，因为由天主教改信奉伊斯兰教而改了自己的名字为卡里姆·阿卜杜·贾巴尔的含义——“强大的英雄”。

(3)埃尔文·约翰逊(1959～)

也许你会觉得埃尔文·约翰逊这个名字听起来很陌生，那是因为“魔术师”约翰逊这个绰号太深入人心了。

篮球运动诞生一百多年以来被“巨”星们统治了近90年。直到20世纪80年代，“魔术师”约翰逊用他令人惊叹的球艺彻底改变了篮球的面貌，他将更多的理念、智慧和技巧带到了篮球场上，使这项运动的观赏性和竞争性都上升到一个新的高度。而“魔术师”约翰逊前所未有的新打法，更使篮球运动的组织后卫发生了一场影响深远的革命。

“魔术师”身高2.06米，体重100公斤。在1979年以第一轮第一位入选NBA洛杉矶湖人队。在他加入湖人队的第一个赛季就帮助球队夺得1980年的NBA总冠军。当时在7战4胜的总决赛中，湖人队和费城76人队打成了3:2后，湖人队主力中锋“天勾”贾巴尔严重扭伤了脚，结果在第 6 场比赛中，20 岁的约翰逊接替贾巴尔站到了中锋的位置上。那场激战中，年轻的约翰逊独得 42 分，夺下 15 个篮板球，还有 7 次助攻和 3 次抢断，整个体育馆成了“魔术师”一人的表演舞台。他带领全队击败了 76 人队，夺得了他第一个 NBA 总冠军戒指，同时也获得了总决赛最有价值球员的称号。

埃尔文·约翰逊出生于 1959 年 8 月 14 日，他的家乡是密歇根州的兰辛市。约翰逊从小就入迷似的苦练篮球，在他上中学的时候，就因为出色的篮球技术被当地报纸的记者称为“魔术师”，以至后人忘了他的真实名字埃尔文。

“魔术师”约翰逊在 NBA 生涯中得过 3 次最有价值球员奖(1987、1989、1990)，在 1980、1982、1985、1987 和 1988 年 5 次为洛杉矶湖人队夺得 NBA 总冠军。他们打出的水银泻地般的进攻，使得每一场比赛都是“Show Time”。约翰逊是 NBA 历史上最高的组织后卫，他技术极为全面，可以胜任场上任何一个位置，是一个全能的球星。他的推进速度极快，传球的技巧变化多端，常常为队友创造出十分舒服的进攻机会。特别是他能像下盲棋一样打篮球，在根本不看队友的情况下也能将球传到处于投篮位置上的队友手中。他是一名将激情和理智、表演和实战，完美结合起来的一名具有革命性的组织后卫，他不但能为队友制造进攻机会，而且自己也有犀利的得分能力。

1991 年，“魔术师”不幸感染上艾滋病，不得不告别 NBA。但是他没有在绝症面前屈服，他首先勇敢地面对这一残酷的事实，用自己的真诚和正直换来了人们的理解和尊重，继而继续从事篮球运动的训练和比赛，并且在 1992 年先后参加了东西部全明星赛和巴塞罗拿奥运会，并率领“梦一队”夺得男篮金牌。1997 年 3 月，经过检查之后，艾滋病病毒在他的体内几乎找不到了，他奇迹般地战胜了这一绝症。

(4)迈克尔·乔丹(1963～)

迈克尔·乔丹 1963 年 2 月 17 日出生于纽约市布鲁克林市。乔丹曾就读于北卡罗莱纳州雷尼中学，他童年的梦想是成为棒球巨星，读中学时的他棒球、篮球、橄榄球及田径都很出色，尤以棒球最佳，曾经担任校队投手，参加了州联盟比赛并获得冠军。随后，乔丹进入北卡罗莱纳大学学习。1982 年随北卡罗莱纳大学夺得 NCAA 冠军。1984 年，还是大学三年级学生的乔丹，以首轮第 3 位被芝加哥公牛队相中。

1984～1985 赛季，刚刚在 NBA 征战一年的乔丹就被评为 NBA 最佳新秀。在 1984 年的洛杉矶奥运会上，乔丹作为队长率领美国大学生队夺得男子篮球冠军。1987 年和 1988 年两次获得全明星赛扣篮大赛冠军，他经典的罚球线起跳扣篮，展示了人类也能飞。由此人们都称他为“飞人乔丹”。他带领公牛队在 1991～1993 年取得了第一个三连冠，开创了公牛王朝。1992 年入选“梦之队”，并获得巴塞罗那奥运会男篮冠军。在

1993 年之前，他已获得了 3 次赛季和总决赛 MVP，1 次 NBA 年度防守球员，7 次 NBA 第一队和 6 次 NBA 防守第一队，9 次入选全明星阵容。

1993 年 8 月 3 日，乔丹的父亲被杀害，他在芝加哥公牛队训练中心宣布了一个震惊世界的消息：他将从篮球场上退出。乔丹说：“我已登上了事业的顶点，一切要做的事都已经完成，在篮球场上我再也没有需要证明的了。”他转而成为了一名棒球手。

1995 年 3 月 19 日，在美国亿万观众毫无准备的情况下，ABC、CBS、NBC、CNN 和几乎全美国的主要电视台都停止了正常播放的节目，屏幕上出现了几个大字：“I AM BACK! MICHAEL JORDAN(我回来了! 迈克尔·乔丹)”16000 名观众人声鼎沸。球迷挥舞着手中的彩旗，不停地叫喊：“飞人！飞人！”已经离开球场 17 个月的迈克尔·乔丹再次回到了属于他的舞台。因为在乔丹退役后，为了表示对他的敬意，芝加哥公牛队对它的“23”号球员举行了退役仪式。因此，乔丹改穿了 45 号球衣出场，结果在首场比赛中，45 号球衣即卖出 1800 件，生产球衣的公司调集所有人手拼命加班，还是不能满足球迷的需要。华尔街股票指数迅速上升，芝加哥公牛队的比赛也迅速被抢购一空。

1996 年 3 月 18 日，乔丹在对费城 76 人队的比赛中使自己职业生涯总得分达 24000 分，成为公牛队历史上得分最高的人。

在 1996 年，他率领芝加哥公牛队第 4 次夺得了总冠军，同时，芝加哥公牛队以 70 胜 12 负的战绩刷新了 NBA 的历史记录，而乔丹本人则第 8 次获得分王称号，并且将常规赛 MVP、全明星赛 MVP、总决赛 MVP 全部囊括怀中。同时开创了公牛队第二个三连冠。1998 年，他成为了继贾巴尔、张伯伦后第三位得分突破 29000 分的球员。

2003 年，乔丹正式宣布退役。

乔丹一生共获得 6 次 NBA 冠军(1991 ~ 1993 年，1996 ~ 1998 年)，5 次 NBA 常规赛 MVP(1988、1991、1992、1996、1998 年)，10 次入选 NBA 最佳阵容(1988 ~ 1993 年，1996 ~ 1998 年)，8 次得分王(1987 ~ 1993 年, 1996 ~ 1997 年)。乔丹共 12 次参加全明星赛，其中 1988、1996 和 1998 年 3 次被评为全明星赛 MVP，5 次 NBA 总决赛 MVP(1991 ~ 1993 年，1996 ~ 1997 年)。

“飞人乔丹”是篮球场上的神，是篮球的代名词，是NBA有史以来最伟大的球员。

(5)科比 · 布莱恩特(1978 ~ )

科比 · 布莱恩特是 NBA 湖人队的现役球员，联盟最好的得分后卫，攻守兼备。科比 · 布莱恩特出生于 1978 年 8 月 23 日，父亲是曾效力于费城 76 人队的乔 · 布莱恩特。科比在意大利度过了 8 年的童年生活，会讲流利的意大利语。回到美国后，就读于 Lower Merion 高中。他被美国《Today and Parade》杂志选为全美高中年度球员，而且同时获得了奈史密斯年度球员奖、佳得乐冠军巡回赛高中球员年度奖以及入选麦当劳全美队。布莱恩特以平均每场 30.8 分、12 个篮板、6.5 次助攻、4 次盗球的表现，带领 Lower Merion 高中以 31 胜 3 负的战绩取得 AAAA 级州冠军。科比曾以 2883 分成为东南部宾西法尼亚州中学生历史最高得分王，并打破了早期威尔特·张伯伦的 2359 分以及前圣约瑟弗队的卡林·沃利的 2441 分。

1996 年，科比在第一轮被黄蜂队选中，随即交换到洛杉矶湖人队。在 1997 年全明星赛上，科比夺得了扣篮大赛冠军。1998 年科比被票选为全明星球员，打破了当时全明星最年轻球员的纪录。由于科比的体型、身体素质、技术动作和球场能力颇像乔丹，所以人们都认为他将成为乔丹的接班人。球技日益成熟的科比和超级中锋奥尼尔并肩作战，带领湖人队夺得了 2000～2002 年 3 座冠军奖杯，至今 8 次入选全明星赛。本赛季(2005～2006 年)，科比打破了一系列的 NBA 纪录：包括超越张伯伦、乔丹，成为历史上突破 16000 分大关的最年轻球员；打破了湖人前辈埃尔金·贝勒连续 24 场得分超过 40 分的纪录。当然，最为惊人的是，在 2006 年 1 月 22 日与猛龙一役创下的单场 81 分神话，仅次于张伯伦，被永久地载入 NBA 的史册。科比在球场上具有天生的杀手气质，这也使他成为了关键时刻绝杀对手的不二人选。因此，观看科比的比赛是一场视觉盛宴，说不定奇迹就在你眼前上演。

为准备在 2008 年北京奥运会的赛场上重拾昔日辉煌，美国男篮将建成以科比为核心的“梦之队”。如此骄人的成绩也使科比成为入选“梦七队”的第一人。

# 3　篮球规则简介

所有的运动项目都有一定的规则。篮球是一项快速激烈、有身体对抗的运动。了解规则对于正确健康地开展这项运动十分必要。篮球运动在全世界得到了普及与发展，它的持续成功要求，指导该项运动的“规则”应保证比赛是有生气、有吸引力和使人激动的，同时“规则”应保证不为某队提供机会，去获得不正当的利益以超越对手。

## 3.1 球员在场上的位置

(1)控球后卫(PG)

控球后卫(Point Guard)是球场上拿球机会最多、掌握比赛、组织进攻的人。他要把球从后场安全地带到前场，再把球传给其他队友，给队友创造得分的机会。助攻是他的首要工作，控球后卫在赛场上扮演的角色就像执导一场精彩演出的导演。

一名合格的控球后卫，首先要有出色的运球能力，能将球顺利带过半场；其次，还要有很好的传球能力。控球后卫要让球流动得顺畅，他们要能将球传到最容易得分的地方。

控球后卫往往是队上最后一个得分者，除非其队友都没有好机会出手，否则他是不轻易投篮的。即使有着很强的得分能力，控球后卫的目标也是以自己的得分能力破坏对方的防守，从而为队友制造得分机会。

控球后卫的准则是：当场上有任何队友的机会比他好时，他一定将球交给机会更好的队友。所以，除非是很好的投篮机会，控球后卫是不会出手投篮的，这样对控球后卫命中率的要求自然很高，通常要在 50% 以上——这一命中率要高于小前锋和得分后卫。在具体得分手段方面，外围外线和切入是控球后卫必备的两项利器。

(2)得分后卫(SG)

得分后卫(Shooting Guard)，是以得分为主要任务的后卫队员，他的身材一般高于控球后卫，外围投篮是其主要的得分手段。

得分后卫在场上是仅次于小前锋的第二得分手，不过他不需要练就小前锋一般的单打身手，因为他经常是由队友帮助找出空当后再投篮的。

得分后卫首先要有较高的投篮命中率和稳定性，第二是出手速度要快，如此才能拉开敌方的防守圈，更利于队友在禁区内的攻势。不过得分后卫的命中率一般是 47% 左右，达不到 50%，因为他们出手的距离通常是距离篮圈相当远的。

(3)小前锋(SF)

小前锋(Small Forward)是球队中最重要的得分者，同时也要有不错的防守能力。一名合格的小前锋不但要有足够的身高在篮下得分，也要有出色的速度凭借快攻和突破得分。

对小前锋最根本的要求就是得分，小前锋乃是对命中率要求最低的一个位置，一般而言只要四成五就算得上合格，而四成以上都可以接受。当然这有一个前提，就是他要能得分。如果一个小前锋每场球得个七八分，命中率还只有四成的话，那还不如叫他去坐板凳算了。话说回来，为什么小前锋的命中率可以比较低呢？因为他是队上主要得分者，他经常要积极找机

会投篮，要在某些时刻稳定军心，甚或以较困难的方式单打对手来提升士气，乃至于给对手下马威，给予敌方迎头痛击等。因此小前锋会有较多的机会出手，而且可能是不太好的机会，所以我们可以容许他的命中率稍低，只要他能得分的话。

(4)大前锋(PF)

大前锋(Power Forward)在队上担任的任务几乎都是以苦工为主，抢篮板、防守、卡位是他的主要任务，说到投篮、得分，他几乎是全队最后一个。所以说，大前锋可以算是篮球场上最不起眼的角色了。

大前锋的首要工作便是抓篮板球。大前锋通常都是队上篮板抢得最多的人，他要在禁区与中锋配合进行卡位防守，同时也要挑起全队的篮板重任。而在进攻时，大前锋常常帮队友掩护，在队友出手投篮努力争抢篮板球时，为二次进攻做准备。

一般情况下，要求大前锋单打进攻的时间很少，而大前锋的进攻手段则主要是转身投篮和小勾手之类的近距离进攻。由于大前锋出手投篮次数少，而且他投篮的位置一般又很靠近篮框，所以大前锋的投篮命中率也需要比较高，一般来说应该是场上 5 个位置中命中率最高的一个，一名合格的大前锋投篮命中率应该达到 50% 以上。

相对于得分，大前锋的篮板球一定要抓得多，防守时的盖帽能力也是大前锋所必备的，因为他们的任务就是巩固禁区的防守。所以，大前锋在场上的任务就是做好两件事：篮板和防守。

随着现代篮球打法的更新，对大前锋的进攻能力要求有所提高，不过，一个好的大前锋，还是以禁区内的防守为主要任务。

(5)中锋(C)

顾名思义，中锋(Center)是一个球队的中心人物，凭借其强壮、高大的身体，无论进攻还是防守，他们都是球队的枢纽，故名之为中锋。

作为禁区内的“擎天柱”，抢篮板球是中锋必不可少的能力。此外，封堵阻攻、盖帽也是中锋必备的能力。由于本队进攻时自己常处在禁区中央的枢纽位置，所以中锋应该具有不错的导球能力，能将球往较合适的位置输送，助攻队友得分。以上三项，是中锋应具备的基础技能。当然，得分也是中锋应尽的职责，他们是主要的内线得分者。中锋的命中率应该比大前锋更高一些。

一名好的中锋必须多才多艺，不但要有足够的得分技巧用于进攻得分，防守时还要能成为球队的最后一道屏障，除了守好自己盯防的球员，中锋还要能够协同和及时为队友的防守补位。

现代篮球打法中有一种新的中锋战术，就是所谓的“外线中锋”。此种中锋需要在进攻时主要到外线投篮得分，而少做禁区内的进攻。由于用其他球员防守身材上差异太大、效果不佳，因此防守方只能让本队中锋也到外线去盯防对手。如此一来，进攻方就可以利用对方中锋不在禁区的机会，让本队能力强的前锋或后卫队员疯狂得分。当然，“外线中锋”只适用于进攻，防守时与一般中锋的打法无异。

## 3.2 篮球主要名词术语解释



(1)扣篮：运动员用单手或双手持球，跳起在空中自上而下直接将球扣进篮圈。

(2)补篮：投篮不中时，运动员跳起在空中将球补进篮内。

(3)卡位：进攻人运用脚步动作把防守者挡在自己身后，这种步法叫卡位。

(4)领接球：顺传球飞行方向移动，顺势接球。

(5)防守：防守人站在进攻队员和篮框之间。

(6)要位：进攻人用身体把防守人挡在身后，占据有利的接球位置。

(7)突破：运球超越防守人。

(8)空切：进攻人空手向篮跑动。

(9)一传：获球者由守转攻的第1次传球。

(10)盖帽：进攻人投篮出手时，防守人设法在空中将球打掉的动作。

(11)补位：当一个防守人失掉正确防守位置时，另一防守人及时补占其正确防守位置。

(12)协防：协助同伴防守。

(13)紧逼防守：贴近进攻人，不断运用攻击性防守动作，威胁对方持球的安全或不让对方接球。

(14)斜插：从边线向球篮或者向球场中间斜线快跑。

(15)时间差：在投篮时，为躲避对方防守的封盖，利用空中停留改变投篮出手时间。

(16)接应：无球进攻队员，主动抢位接球。

(17)落位：在攻防转换时，攻守双方的布阵。

(18)策应：进攻队在前场或全场通过中间队员组织的接应和转移球的战术配合，造成空切、绕切以及掩护等进攻机会。

(19)掩护：进攻队员以合理的技术动作，用身体挡住同伴的对手的去路，给同伴创造摆脱防守的机会的一种进攻配合。

(20)突分：持球进攻队员突破后传球配合。

(21)传切：持球进攻队员利用传球后立即空切，准备接球进攻。

(22)补防：当一个防守队员失去位置，进攻队员持球突破有直接得分的可能时，邻近的另一防守队员立即放弃自己的对手，去防持球突破的进攻者。

(23)换防：防守队员交换防守。

(24)关门：邻近的两名防守持球者的队员，向进攻者突破的方向迅速合拢，形成“屏障”，堵住持球进攻者的突破路线。

(25)夹击：两名防守队员共同卡住 1 名进攻队员，封堵其传球路线。

(26)挤过：两名进攻队员进行掩护配合时，防止被掩护者的队员向其背后靠近，在进攻者即将完成掩护配合的一刹那，抢占位置，从两名进攻队员之间侧身挤过，破坏他们的掩护，并继续防住自己的对手。

(27)穿过：当一名进攻队员进行掩护时，防守掩护者的队员稍离对手，让同伴从自己的掩护队员之间穿过去，继续防住对手。

## 3.3 篮球的基本规则

(1)比赛方法。一队 5 人，其中一人为队长，候补球员最多 7 人。比赛分为 4 节，每节 10 分钟(NBA 与 CBA 为 12 分钟)，比赛结束两队积分相同时，则进行 5 分钟加时赛，若 5 分钟后比分仍相同，则再次进行 5 分钟加时赛，直至比出胜负为止。

(2)得分种类。球投进篮经裁判认可后，便算得分。3 分线内投进可得 2 分；3 分线外投进可得 3 分，罚球投进得 1 分。

(3)进行方式。比赛开始由两队各选出一名跳球员至中央跳球区，由主审裁判抛球双方跳球，开始比赛。后三节开始时掷界外球入场。一方进球后，另一方在后场底线掷界外球进

攻。

(4)选手替换。每次替换选手要在30秒内完成，替换次数则不限定。交换选手的时间选在有人犯规、争球和叫暂停等。裁判可暂时中止球赛的计时。

(5)罚球。每名球员各有5次被允许犯规的机会(NBA为6次)，第五次即犯满退场，且不能在同一场比赛中再度上场。罚球是在谁都不能阻挡、防守的情况下投篮，是作为对犯规队伍的处罚，给予另一队的机会。罚球要站在罚球线后，从裁判手中接过球后5秒内要投篮。在投篮后，球触到篮框前均不能踩越罚球线。

(6)违例。如带球走步、两次运球、脚踢球。还有跳球违例、罚球违例等。

(7)24秒规则。进攻球队在场上控球时必须在24秒钟内出手投篮，在24秒钟装置的信号发出前，球必须离开投篮队员的手，并且球离开投篮队员的手后，在24秒钟装置的信号发出前，球触及篮圈。

(8)8秒钟规则。每当一名队员在他的后场获得控制活球时，他的队必须在8秒钟内使球进入它的前场。

(9)5秒钟规则。球员必须在5秒钟之内掷界外球出手。FIBA规则规定罚球也必须在5秒钟内出手。一名被严密防守的队员必须在5秒钟内传、投或运球。

(10)3秒钟规则。当某队在场上控制活球并且比赛计时钟正在运行时，该队的队员不得停留在对方队的限制区内超过持续的3秒钟。

(11)侵人犯规。与对方发生身体的非法接触，包括打手、拉人、阻挡、带球撞人等。对投篮动作犯规要执行罚球。其余犯规掷边线球。一节比赛开始后，全队犯规累计达到4次，对方要执行罚球。

(12)技术犯规。队员或教练员因表现恶劣而被判犯规，比如与裁判发生争执等情况。技术犯规达到2次要被驱逐出场。

(13)恶意犯规。即违反体育道德犯规。一名队员不是在规则的精神和意图的范围内合法地试图去直接抢球，因而发生的侵入犯规是违反体育道德的犯规。恶意犯规要被驱逐出场。

(14)队员5次犯规。一名球员无论侵入犯规，还是技术犯规，只要达到5次(NBA规定为6次技术犯规不计入)就必须离开球场，不得再进行比赛。

(15)干扰球。投篮的球向篮下落时，双方队员都不得触球，当球在球篮里的时候，防守队员不得触球。

(16)球回后场。球队如已将球从后场移至前场，该球队球员便不能再将球移过中线，运回后场。

## 3.4 国际篮联主要规则及裁判工作简介

### 第一章　比　赛

第1条 定义

1.1 篮球比赛

每场篮球比赛由两个队参加，每队出场5名队员。每队的目标是将球投入对方球篮得分，并阻止对方队获得控制球或得分。

1.2 球篮：本方/对方

被某队进攻的球篮是对方的球篮，由某队防守的球篮是本方的球篮。

1.3 球的运动

球可向任何方向传、投、拍、滚或运，但要受到规则有关条款的限制。

1.4 比赛的胜者

在第 4 节或任一个决胜期(如果需要)的比赛时间结束时得分较多的队，将是比赛的胜者。

## 第二章　尺寸和器材

### 第 2 条 球场和线条尺寸

2. 1 比赛场地

比赛场地应是一块长方形、平坦且无障碍物的坚实平面。

对于国际篮联主要的正式比赛以及所有新建的比赛场地，其尺寸应是长 28 米、宽 15 米，从界线的内沿测量。

对于所有其他的比赛，国际篮联的适当部门，如地区委员会或国家联合会，有权批准最小尺寸为长 26 米、宽 14 米的现有比赛场地。

2. 2 天花板

天花板或最低障碍物的高度应至少是 7 米。

2. 3 照明

比赛地面要被均匀和充分地照亮。照明设备的安置不得妨碍队员和裁判员的视觉。

2. 4 线条

所有的线条应用相同的颜色(最好白色)画出，宽 5 厘米并清晰可见。

2. 4. 1 端线和边线

比赛场地是由两条端线(比赛场地的短边)和两条边线(比赛场地的长边)限定出的区域。这些线不是比赛场地的部分。

2. 4. 2 中线

中线是一条从两边线的中点画出的平行于端线的线。它向每条边线外延伸 15 厘米。

2. 4. 3 罚球线、限制区和罚球区

罚球线应画成与每条端线平行。从端线内沿到它的最外沿应有 5. 80 米，其长度为 3. 60 米。它的中点应落在连接两条端线中点的假想线上。

限制区是在球场上标出的地面区域，它由端线、罚球线和两条起自端线(画线的外沿距离端线中点3米)终于罚球线外沿的线所限定。除端线外，这些线都是限制区的一部分。可以在限制区里面着色，但必须与中圈内的颜色相同。

罚球区是限制区加上以罚球线中点为圆心、以1.80米为半径向限制区外赛场上所画出的半圆区域。在限制区内的半圆要画成虚线。

2.4.4 中圈

中圈应画在球场的中央，半径为1.8米(从圆周的外沿丈量)。如果在中圈里面着色，它必须与限制区内的颜色相同。

2.4.5 3分投篮区域

某队的3分投篮区域是指，除对方球篮附近被下述条件限制出的区域之外的整个赛场地区。这些条件包括：

(1)从端线引出两条平行线，分别距对方球篮的中心垂直线与地面的交点6.25米。该交点距端线内沿中点的距离为1.575米。

(2)以上述规定的同一点为圆心，画半径为6.25米(量到圆弧外沿)的半圆与两平行线相交。

2.4.6 球队席区域

球队席区域应标在记录台同侧的场外，并按下述要求：

每个区域分别由一条从端线向外延伸至少长2米的线，和另一条离中线5米且与边线成直角并至少长2米的线所限定。

2.5 记录台和替补队员席(长凳/椅子)的位置

对于国际篮联主要的正式比赛，下述球队席和替补队员席(长凳/椅子)的安排是强制性的，并也推荐给所有其他的比赛。

第3条 器材

3.1 篮板和篮板支撑

3.1.1 篮板要用整块适宜的透明材料(最好是具有适当韧度的安全玻璃)建造。

3.1.2 篮板的尺寸应是横宽1.80米，竖高1.05米。

3.1.3 篮板上的所有线条应按下述要求画出：

(1)如果篮板是透明的，用白色。

(2)在所有其他的情况中用黑色。

(3)宽度5厘米。

3.1.4 篮板的前面须平整且按下图所示标出：

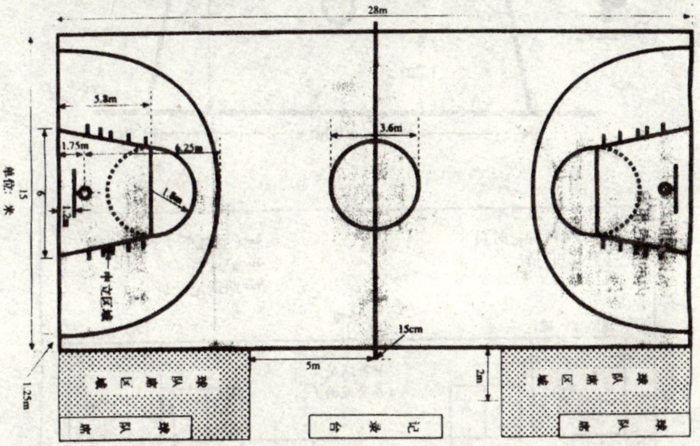


正规球场的全部尺寸

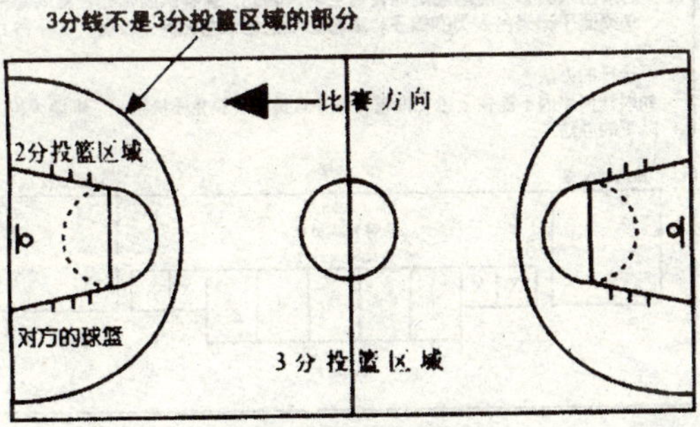


2分/3分投篮区域

罚球区（所有线宽5厘米）

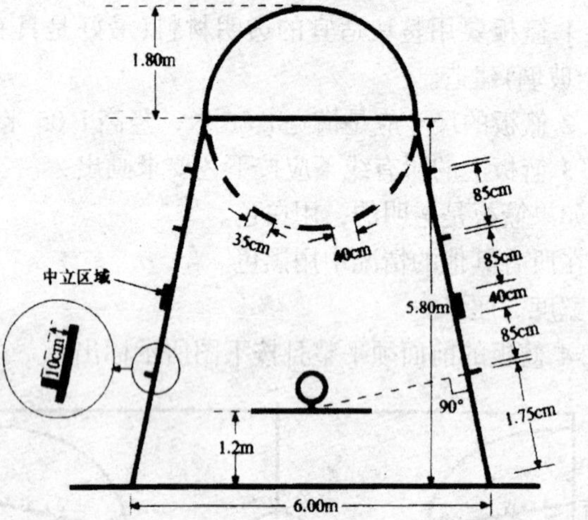


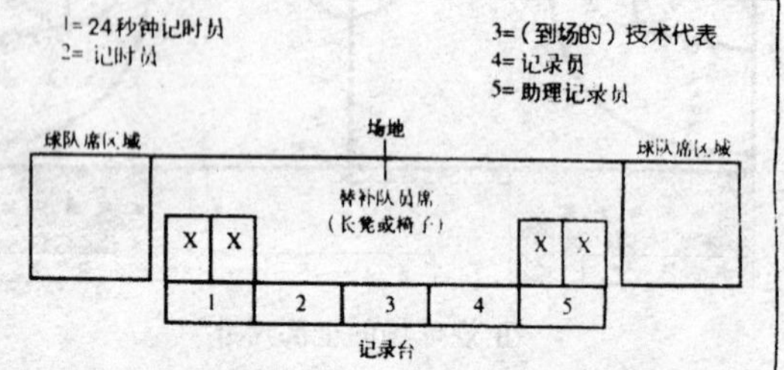


注：记录台人员必须能够清楚地看到全场，因此，替补队员席的长凳或椅子必须低于记录台人员的椅子。或者必须把记录台和椅子设在一个平台上。

可选择的办法

如因任何原因不能按上述安排布置替补队员席（长凳或椅子），则要采用以下的办法：

记录台和替补队员席(长凳/椅子)

3.1.5 篮板要按下述要求牢固地安置：

(1)在球场两端，与地面成直角，平行于端线。

(2)篮板前面的中央垂直线延伸至地面，与地面的接触点落在与端线成直角的假想线上，此点距离端线内沿中点 1.2 米。

3.1.6 篮板上的包扎物

3.1.7 篮板支撑应按下述要求：

(1)篮板支撑构架(包括包扎物)的前面应距端线外沿至少 2 米。构架与背景相比应颜色鲜明，以便它对队员是清晰可见的。

(2)篮板支撑应与地板固定，致使它不能移动。

(3)篮板后的任何篮板支撑应在其下表面给予包扎，从板面起包扎距离为 1.20 米。

包扎物的最小厚度应为 5 厘米，并且密度应和在篮板上包扎物的相同。

(4)所有篮板支撑构架必须有一个在面向球场的表面上被完全包扎的基座，其包扎高度从地面起最少 2.15 米。包扎物的最小厚度应为 10 厘米。

3.1.8 包扎物应被制造成可防止肢体部位被夹住。

3.2 球篮

球篮应由篮圈和篮网组成。

3.2.1 篮圈应按下列要求制造：

(1)材料应是实心钢材，内径 45 厘米，漆成橙色。

(2)圈材直径最小是 1.6 厘米，最大为 2.0 厘米，在其下沿设有为系篮网的附加系统，以防止手指被夹住。

(3)篮网应系在每一篮圈的 12 个(围绕篮圈)等距离的位置上。连接篮网的器件不应有任何尖棱或容得手指进入的空隙。

(4)篮圈应固定在支撑篮板的构架上，这样，任何作用在篮圈上的力不能被传递到篮板上。因此，在篮圈、固结件和篮板(玻璃或其他透明材料)之间不应有直接的接触。而且，空隙要足够的小，以防止手指进入。

(5)每一篮圈的顶沿应位于水平，距地面 3. 05 米，与篮板的两条竖边等距离。

(6)从篮板面到篮圈内沿的最近点是 15 厘米。

3. 2. 2 可以使用抗压篮圈。

3. 2. 3 篮网应符合下列要求：

(1)篮网应是用白色的细绳结成，悬挂在篮圈上，并制作成当球穿过球篮时有短暂的停留。网长不短于 40 厘米，不长于 45 厘米。

(2)为系在篮圈上，每一篮网要有 12 个小环。

(3)篮网的上半部应是半硬的，以防止：

——篮网反弹上去穿过篮圈可能形成障碍物。

——球被篮网托住或回弹出篮网。

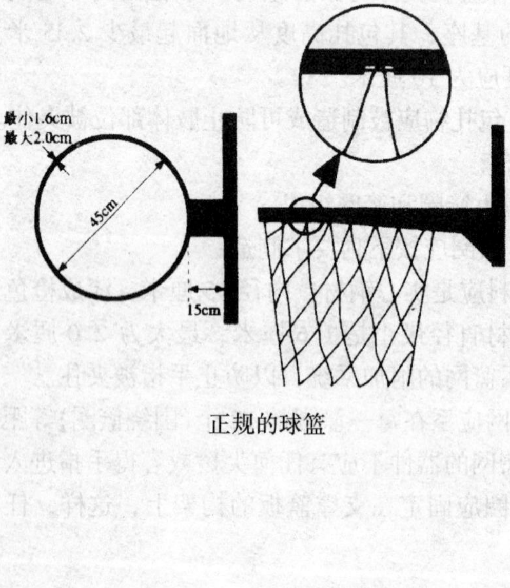


正规的球篮

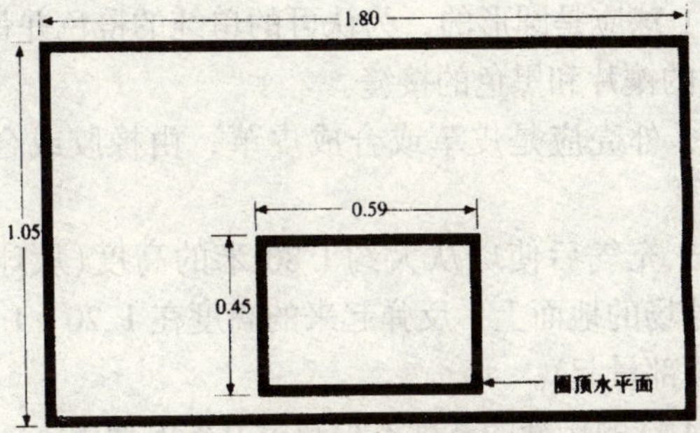


正规的篮板标志

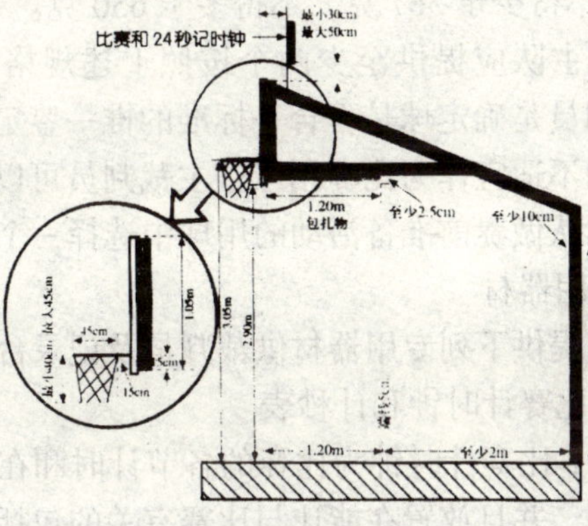


正规的篮板支撑

(3) 篮板的包扎

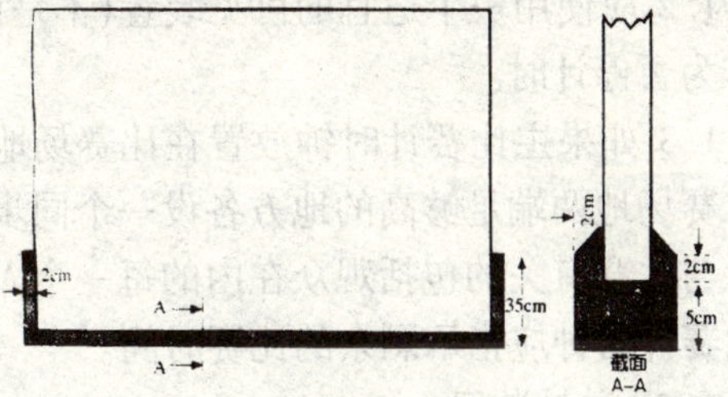


篮板包扎

知识篇

3.3 篮球

3.3.1 球应是圆形的，为认可的单纯的橙色并带有8瓣按惯例成型的镶片和黑色的接缝。

3.3.2 外壳应是皮革或合成皮革，由橡胶或合成物质制成。

3.3.3 充气后使球从大约1.80米的高度(从球的底部量起)落到球场的地面上，反弹起来的高度在1.20~1.40米之间(从球的顶部量起)。

3.3.4 球的接缝的宽度不得超过0.635厘米。

3.3.5 球的圆周不得小于74.9厘米，不得大于78厘米(7号)。重量不得少于567克，不得多于650克。

3.3.6 主队应提供至少两个按照上述规格的并使用过的球。主裁判员是确定球是否合乎标准的惟一鉴定人。如果经鉴定，两球均不适宜作为比赛用球，主裁判员可以选择客队提供的球或从两队做赛前准备活动的用球中选择一个。

3.4 专用器材

主队应提供下列专用器材供裁判员及记录台人员使用：

3.4.1 比赛计时钟和计秒表

3.4.1.1 比赛计时钟为比赛的各节计时和在比赛各节间的休息时使用，并且放置在能让与比赛有关的包括观众在内的每一个人都能看清楚的地方。

3.4.1.2 应使用一个适宜的可见装置(不是比赛计时钟)或计秒表作为暂停计时。

3.4.1.3 如果主比赛计时钟放置在比赛场地中央的上方，那么在比赛场地两端足够高的地方各设一个同步的副比赛计时钟，要让与比赛有关的包括观众在内的每一个人都能看到。每一个副比赛计时钟应指示剩余的比赛时间。

3.4.2 24秒钟装置

3.4.2.1 24秒钟装置要有一个控制单元去操纵该装置以及符合下述规格的显示单元：

(1)数字倒计数型，用秒指示时间。

(2)两队都不控制球时，装置上不显示。

(3)具有能停止并在重新开始时能继续倒计时的能力。

3.4.2.2 显示单元应按以下方式设置：

(1)两个显示单元应分别架设在每块篮板的上方，且位于篮板后面，距离在30~50厘米之间。

(2)4个显示单元应分别设置在球场4个角落的地面上，在每条端线的后面2处。

(3)两个显示单元设置在地面上，处于斜对角位置。记录台左侧的显示单元应设置在到那里最近的角落。两个单元均应设在每条端线后2米并距边线延长部分2米处。

3.4.2.3 显示单元应让与比赛有关的包括观众在内的每一个人清楚地看到。

3.4.3 信号

至少要有两种独立的声响信号，能发出显然不同的和非常响亮的声响：

(1)一种是为计时员和记录员所用。对于计时员，该信号在指示一节或决胜期比赛时间终了时，应自动地发出声响。对于记录员和计时员，当已请求了暂停、替换等，暂停开始后过去了50秒钟，或有可纠正的失误的情况要引起裁判员的注意，在适当时候要手动操纵信号发出声响。

(2)一种是为24秒钟计时员所用，在指示24秒钟周期结束时应自动地发出声响。

两种信号要足够的强，在最不利或嘈杂的情况下也容易地被听到。

3.4.4 记录板

记录板应让与比赛有关的包括观众在内的每一个人清楚地看到。

记录板至少应显示：

(1)比赛时间。

(2)比分。

(3)现时的节数。

(4)要登记的暂停次数。

3.4.5 记录表

国际篮联所有主要的正式比赛，应使用经国际篮联世界技术委员会批准的正式记录表。

3.4.6 队员犯规标志牌

为记录员提供队员犯规标志牌。标志牌应是白色的，上面分别标有数字 1~5(1~4 的数字为黑色，5 为红色)，数字的最小尺寸为：长 20 厘米，宽 10 厘米。

3.4.7 全队犯规标志

为记录员提供两个全队犯规标志。

全队犯规标志应是红色的，最小尺寸为：宽 20 厘米，长 35 厘米，当放在记录台上时，要让与比赛有关的包括观众在内的每一个人清楚地看到。

也可以使用电的或电子的装置，只要装置的颜色和尺寸与上述指定的相同即可。

3.4.8 全队犯规指示器

应有一个指明犯规到 5 次的适宜装置，指明某队已达到了全队犯规处罚状态。(第 55 条——全队犯规：处罚)。

3.5 国际篮联的主要正式比赛所需的设施和器材

以下提及的设施和器材是国际篮联下述主要正式比赛所需的：奥林匹克比赛；世界男子、女子、青年男子、女子、青少年男子、女子锦标赛；洲际男子、女子、青年男子、女子锦标赛。

这些设施和器材也推荐给所有其他的比赛。

3.5.1 所有的观众必须坐在距离比赛场地界线外沿至少5米处。

3.5.2 比赛场地应是:

(1)木制。

(2)用5厘米宽的界线标定。

(3)用鲜明反差的颜色画出一条至少2米宽的外侧界线。

外侧界线的颜色应与中圈和限制区的颜色相同。

3.5.3 应准备4名擦地人员，每半块比赛场地2人。

3.5.4 篮板应由适当韧度的安全玻璃制成。

3.5.5 球的表面应由皮革制成。为进行训练和赛前的准备活动，竞赛的组织者要提供至少12个制作规格相同的球。

3.5.6 比赛场地上的照明不得少于1500勒克斯。这个标准应在比赛场地上方1.5米处测量。该照明应符合电视转播的要求。

3.5.7 比赛场地应配备下述电子器材，从记录台、比赛场地、球队席以及与比赛有关的包括观众在内的每一个人都能清楚地看到。

3.5.7.1 两块大记录板，球场每端各一块。

(1)放置在比赛场地中央上方的记录板(呈立方体)不排斥使用两块记录板的必要性。

(2)应给计时员提供一个操纵比赛计时钟的控制台，并应给助理记录员提供一个单独的控制台。

(3)记录板应包含一个清晰可见的数字倒计数型的钟，在一节或决胜期的比赛时间结束时，能自动地发出非常响亮的信号。

(4)记录板上的比赛计时钟和比赛得分显示的高度最低是

30 厘米。

(5)所有的计时钟都应同步且始终显示比赛剩余时间的总数。

(6)在每一节或决胜期的最后 60 秒钟期间，应用秒和 1 秒的 1/10 为单位，指明剩余时间的总数。

(7)主裁判员应指定其中一个计时钟为比赛计时钟。

(8)记录板还应指明：

——每位队员的号码，有队员的姓更好。

——每队的得分数，有每位队员个人的得分数更好。

——球队中每位队员发生犯规的次数(这不排除需要由记录员指明犯规次数的标志牌。

——全队犯规次数从 1 到 5(具有停在最大值 5 的功能)。

——节数从 1 到 4 并且用 E 表示决胜期。

——暂停次数从 0 到 2。

3. 5. 7. 2 带有一个副比赛计时钟和一个发光的红色电灯的 24 秒装置，应安装在每块篮板的上方并在篮板后面，距离在 30 ~ 50 厘米之间。

(1)24 秒钟装置应是自动的数字倒计数型装置，以秒来指明时间，并能自动发出非常响亮的信号，来指示 24 秒钟周期的结束。

(2)24 秒钟装置应与主要的比赛计时钟连接，以便：

——当主要的比赛计时钟停止时，该装置也应停止。

——当主要的比赛计时钟开始启动时，该装置必须能手动开始启动。

——当该装置发出声响时，主要的比赛计时钟应停止。

(3)24 秒钟装置和副比赛计时钟上数字显示的颜色应不同。

(4)所有的副比赛计时钟应符合上述的详细说明。

(5)每块篮板上方并位于篮板后面的电灯应是：

——当一节或决胜期比赛时间结束的信号响时，和主要的比赛计时钟同步发出红色亮光。

——当 24 秒钟周期结束的信号响时，和 24 秒钟装置同步发出红色亮光。

## 第三章　裁判员、记录台人员和技术代表以及他们的职责

### 第 4 条 裁判员、记录台人员和技术代表

4.1 裁判员应是一名主裁判员和一名副裁判员。他们应得到记录台人员和技术代表(如到场)的协助。

此外，国际篮联的适当部门，如地区委员会或国家联合会有权运用 3 人裁判制，即一名主裁判员，两名副裁判员。

4.2 记录台人员应是一名记录员，一名助理记录员，一名计时员和一名 24 秒计时员。

4.3 可有一名技术代表到场。他应坐在记录员和计时员之间。

在比赛中他的职责主要是监督记录台人员的工作，并协助主裁判员和副裁判员使比赛顺利进行。

4.4 必须充分强调：担任一场比赛的裁判员不得与比赛双方的组织有任何方式的联系。

4.5 裁判员、记录台人员和技术代表要按照这些规则来指导比赛，并无权同意改变这些规则。

4.6 裁判员的服装应由灰色上衣、黑色长裤、黑色袜子和黑色篮球鞋组成。

4.7 对于国际篮联主要的正式比赛，记录台人员应着装一致。

### 第 5 条 主裁判员：职责和权力

主裁判员应：

5.1 检查和批准在比赛过程中使用的所有器材。

5.2 指定正式的比赛计时钟、24 秒钟装置、计秒表，并确认记录台人员本人。

5.3 不允许任何队员佩戴可能造成伤害的物品。

5.4 在中圈执行跳球，开始每一节和决胜期的比赛。

5.5 当情况需要时，有权停止比赛。

5.6 如果球队在得到通知后拒绝比赛，或以其行动阻碍比赛的进行，有权判定该球队弃权。

5.7 在第 2 节、第 4 节以及任一决胜期的比赛时间结束时，或在任何他认为有必要的时候，仔细地审查记录表以认可比分。

5.8 每当有必要或裁判员的意见不一致时，做出最终的决定。

5.9 有权对这些规则中未明确规定的事项做出决定。

第 6 条 裁判员：宣判的时间和地点

6.1 裁判员有权对不论发生在界线内或界线外包括记录台、球队席以及紧靠线后的区域所发生的对规则的违犯做出宣判。

6.2 裁判员应在预定的比赛开始时间前 20 分钟到达球场，此时他们的权力应生效，当裁判员批准比赛结束时，他们的权力结束。在比赛时间结束时，经主裁判员的认可和在记录表上签字，终止了裁判员对比赛的管理以及他们和比赛的联系。

6.3 如果在早于预定的比赛开始前 20 分钟或在比赛时间结束和核查及在记录表上签字之间，发生了运动员、教练员、助理教练员或随队人员的违反体育道德的行为，主裁判员必须在签字之前在记录表的反面记录该事件，技术代表或主裁判员必须向竞赛的组织者提交详细的报告。

6.4 如果其中一队提出抗议，技术代表或主裁判员应在比赛时间结束后的 1 小时内，向竞赛的组织者报告该事件。

6.5 如果在第 4 节或决胜期的比赛时间结束，大约同时或正好之前发生了犯规，作为执行罚球的结果需要有决胜期，那么在比赛时间结束的信号响后至完成罚球前发生的所有犯规，应被看做是在比赛休息期间发生的，并相应地予以处罚。

6.6 任一裁判员无权不顾或质问另一裁判员在本规则规定的各自职权范围内所作的宣判。

第 7 条 裁判员：发生违犯时的职责

7.1 定义

由队员、替补队员、教练员、助理教练员或随队人员造成的所有违例和犯规是违犯规则。

7.2 程序

7.2.1 当发生违例或犯规时，裁判员应鸣哨并同时给出适当的手势，以停止比赛计时钟，使球成死球(见裁判员手册，第 7 章，手势和程序)。

7.2.2 罚球或投篮成功后或当球成活球时，裁判员不应鸣哨。

7.2.3 宣判每一起犯规或跳球后，裁判员应在球场上交换位置。

7.2.4 对所有的国际比赛，如果有必要用口语使宣判清楚，则应使用英语处理。

第 8 条 裁判员：受伤

如果一位裁判员受伤或因任何其他原因，在事故发生的 10 分钟内还不能继续执行任务，比赛应继续。除有可能以有资格的替补裁判员更换受伤的裁判员外，另一位裁判员应单独执裁直到比赛结束。在更换问题上，由另一位裁判员在与技术代表商议后决定。

第 9 条 记录员和助理记录员：职责

9.1 记录员应使用正式的记录表：

(1)登记比赛开始时上场的队员和所有参加比赛的替补队员的姓名和号码。当有关比赛开始后上场的5名队员、替换或队员的号码违反本规则时，他在发现违犯后应尽快通知就近的裁判员。

(2)记录累积分数以及投篮和罚球得分。

(3)记录登记在每个队员名下的侵入犯规和技术犯规。

当登记任一名队员第5次犯规时，记录员必须立即通知裁判员。同样，他应记录登记在每一位教练员名下的技术犯规，当一位教练员被取消比赛资格并必须离开比赛时，他必须立即通知裁判员。

9.2 记录员还应:

(1)当某队已提出暂停请求，在下次暂停机会时通知裁判员并登记暂停。如果教练员在该节中不再有剩余暂停时，他应通过裁判员通知该教练员。

(2)举牌指示每位队员发生犯规的次数，举到双方教练员看到的程度。标志牌上的数字要和该队员发生犯规的次数相一致。

(3)在一节中，登记某队任何队员的侵入犯规或技术犯规达第4次全队犯规后，一旦球成活球时，将全队犯规标志放置在记录台上靠近该球队的球队席一端。

(4)实现替换。

(5)仅当球成死球，并在球再次成活球之前发出他的信号。记录员的信号声响不停止比赛计时钟或比赛，也不使球成死球。

9.3 助理记录员应操纵记录板和协助记录员。

如果记录板和正式记录表之间的任何差异不能被解决，正式记录表应居先，记录板应按正式记录表修正。

9.4 在记录表上登记累积分时可能造成下列重大失误：

(1)一个 3 分中篮，可是仅累加了 2 分。

(2)一个 2 分中篮，可是累加了 3 分。

如果在比赛中发现了这样的失误，为停止比赛，记录员必须等到第一次死球时才发出他的信号，并引起裁判员们的注意。

如果在指示比赛结束的比赛计时钟信号发出后，主裁判员正在核查记录表，但在裁判员们签字之前发现了这样的失误，主裁判员必须纠正该失误；如果因为这一失误影响了比赛的结果，则主裁判员必须合理地纠正比赛的最终结果。

如果裁判员们已在记录表上签字之后发现了这样的失误，主裁判员不再可能纠正该失误。主裁判员必须向竞赛的组织者提交报告陈述该事件。

第 10 条 计时员：职责

10.1 应给计时员提供一块比赛计时钟和一块计秒表，并应：

(1)掌握比赛时间和停止时间。

(2)在第 1 节和第 3 节开始前至少 3 分钟时，通知球队和裁判员或使他们得到通知。

(3)启动计秒表，并在一次要暂记的暂停已消耗了 50 秒钟时发出信号。

(4)保证一节或决胜期比赛结束时的信号声响自动发出，且非常大声。如果他的信号失灵或未被听到，他应立即使用任何可能的办法通知裁判员。

计时员的信号使球成死球并停止比赛计时钟。然而，当投篮或罚球的球在飞行时，他的信号不使球成死球。

10.2 当出现下列情况时应开始启动比赛计时钟：

(1)跳球时，球被跳球队员合法拍击。

(2)罚球未成功并且球继续是活球，球触及场上队员。

(3)在掷球入界时，球触及场上队员。

10.3 当出现下列情况时应停止比赛计时钟：

(1)在一节或决胜期比赛时间结束时时间终了。

(2)当球是活球时裁判员鸣哨。

(3)当球是活球时 24 秒钟装置信号响。

(4)某队已请求暂停，对方队投篮得分。

(5)第 4 节或任一决胜期的最后 2 分钟内投篮得分。

第 11 条 24 秒钟计时员：职责

应给 24 秒钟计时员提供一个 24 秒钟装置，并按下列要求操作该装置：

11.1 一旦队员在场上获得控制活球就启动或再启动。(规则修改：原“控球活球”现修改为“控制活球”)

11.2 一旦出现下列情况就停止和复位到 24 秒钟并不显示影像：

(1)裁判员因犯规、跳球或违例而鸣哨，但因球出界判给先前控制球的球队掷球入界时除外。

(2)投篮球进入球篮。

(3)投篮球触及篮圈。

(4)因为涉及控球队的对方队的行为使比赛停止。

11.3 一旦对方在场上获得控制活球，就复位到 24 秒钟并再启动。

如果对方队员仅仅触球，而同一个队仍然控制球，则不开始一个新的 24 秒钟周期。

11.4 当原先已控制球的同一个队由于如下的结果被判给掷球入界时，停止但不复位到 24 秒钟：

(1)球出界。

(2)一起双方犯规。

(3)由控制球队引起的任何原因而使比赛停止。

11.5 在任一节或决胜期中，当某队获得控制球时，比赛计时钟的剩余时间少于 24 秒钟，则停止并不再操作，即不显示影像。

**第四章　球队**

第 12 条 球队

12.1 定义

12.1.1 “合格参赛”是指按竞赛组织者的规程规定，经核准有权为某队参赛。还要考虑年龄限制。

12.1.2 当一名球员在比赛开始前已被登记在记录表上，并且他既没有被取消比赛资格，又没有达到 5 次犯规，即是“有资格参赛”。

12.1.3 在比赛时间内，每一位球员不是一名队员就是一名替补队员。

12.1.4 随队人员可以坐在球队席区域内，只要他有一个专门的职责，如领队、医生、理疗师、统计员、译员。已发生了 5 次犯规的队员变成随队人员。

12.2 规定

每个队应按下列要求组成：

(1)不超过 10 名合格参赛的球员。

(2)竞赛中一个队超过 3 场比赛时，不超过 12 名合格参赛的球员。

(3)一名教练员，如果球队需要可配备一名助理教练员。

(4)队长，应是有资格参赛的球员之一。

(5)最多 5 名有专门职责的随队人员。

第 13 条 队员和替补队员

13.1 定义

当一名球员在赛场上并有资格参赛时为队员。当一名球员不在场上参赛，或在赛场上但由于已被取消比赛资格或已发生了 5 次犯规没有资格参赛时，为随队人员。(规则修改：原“替补队员”现修改为“随队人员”)

13. 2 规定

13. 2. 1 在比赛时间内，每队应有 5 名队员在场上并可被替换。

13. 2. 2 当裁判员招呼替补队员进场时，他即成为队员。当裁判员招呼那名队员的替换者进场时，那名队员即成为替补队员。

13. 2. 3 每个球队的队员服装应按下列要求配备：

(1)背心前后的主要颜色相同。

在比赛期间，所有队员(男性和女性)必须把他们的背心塞进他们的比赛短裤内。一体的服装是允许的。

(2)圆领衫(不管式样)不可以穿在背心里面，除非该队员有明确的医生书面证明。如果有这样的许可，圆领衫的颜色必须和背心的主要颜色相同。

(3)短裤前后的主要颜色相同，但没必要和背心的颜色相同。

(4)允许穿长于短裤的紧身内裤,只要和短裤的颜色相同。

13. 2. 4 每位队员应穿前后有号码的背心，其清楚的单色号码与背心的颜色有明显的区别。



号码应清晰可见，并且：

(1)后背的号码至少高 20 厘米。

(2)前胸的号码至少高 10 厘米。

(3)号码的宽度应不少于 2 厘米。

(4)球队应使用 4 ~ 15 的号码。

(5)同队队员不得使用重复的号码。

允许上广告的地方应遵守各自比赛的规程规定，并不得干

扰背心前后号码的可见性。

13.2.5 主裁判员不应允许任何队员佩戴可能使其他队员受伤的物品。

(1)下列物品不允许：

——手指、手、手腕、肘或前臂部位的护具、模件或保护套，它们由皮革、塑料、软塑料、金属或任何坚硬的物质制造，即使表面有软的包扎。

——能割破或引起擦伤的装备(指甲应仔细剪好)。

——头饰、头发饰物和珠宝饰物。

(2)下列物品是允许的：

——肩、上臂、大腿或小腿部位的保护装备，如果其材料被包扎，不会使其他队员受伤。

——被适当包扎的膝部保护架。

——断鼻保护器，即使用硬质材料制成。

——不会对其他队员造成危险的眼镜。

——头带最宽为5厘米，由不会发生擦伤的单色棉布、软塑料或橡胶制成。

13.2.6 队员使用的所有装备必须合乎篮球比赛要求。任何被设计成增加队员的高度或能及的范围，或用任何其他方法得到不正当利益的装备，都是不允许的。

13.2.7 本条中没有明确提到的任何其他装备，必须首先得到国际篮联世界技术委员会的批准。

13.2.8 球队必须至少有两套背心，并且：

(1)秩序册中队名列前的队(主队)应穿浅色背心(最好白色)。

(2)秩序册中队名列后的队(客队)应穿深色背心。

但是，如果涉及比赛的两队同意，他们也可以互换背心的颜色。

13.2.9 对于国际篮联的主要正式比赛，同队的所有队员应穿：

(1)相同颜色或是相同复合颜色的鞋。

(2)相同颜色或是相同复合颜色的袜子。

第14条 队员：受伤

14.1 如果队员受伤，裁判员可以停止比赛。

14.2 如果发生受伤时球是活球，裁判员不应鸣哨，直到比赛告一段落，即：控制球的队已经投篮、失去控制球、持球停止进攻或球已成死球。

然而，当有必要去保护受伤队员时，裁判员可立即中断比赛。

14.3 受伤队员的替换：

(1)如果受伤队员不能立即(大约15秒钟)继续比赛，或如果他接受治疗，他必须在1分钟内或尽可能快地被替换。

(2)然而，已经接受治疗或在1分钟内恢复的受伤队员可以继续参加比赛，但他的队要被登记一次暂停。

(3)此外，如果受伤队员在1分钟内不能继续比赛或他的队没有任何剩余的暂停，他不能留在比赛中并必须被替换。例外：该队上场队员少于5人。

14.4 如果已判给受伤队员罚球，必须由他的替补队员执行。如果受伤队员涉及跳球，则他的替补队员应执行跳球。作为受伤队员的替补队员，在参加比赛到下一个比赛的钟表运行片断之前，不能被替换。

14.5 已经被教练员指定为比赛开始时上场的一名队员，万一受伤时可以被替换，只要主裁判员确信受伤是真实的。在这种情况下，对方也有权有一名替换者，如果他们想这样做的话。

14.6 比赛期间，裁判员应命令任一正在流血或有伤口的

队员离开比赛场地并让其被替换。该队员只有在流血已经停止，并且患部或创面已被全面安全地包扎后，才可返回球场。

第 15 条 队长：职责和权力

15. 1 队长是一名在场上代表他的球队的队员。在比赛期间，他可与裁判员联系以获得信息。做此举要有礼貌，而且只能在球成死球和比赛计时钟停止时。

15. 2 当队长因任何正当原因离开比赛场地时，教练员应将他不在场期间替代他的队员号码通知裁判员。

15. 3 队长可以担任教练员。

15. 4 在规则未限定跳球队员或罚球队员的所有情况下，队长应在跳球情况中指定本队的跳球队员，在罚球情况中指定本队的罚球队员。

15. 5 如果球队以在记录表上标有“球队抗议队长签名”栏内签名来抗议比赛的结果，队长应在比赛结束时立即通知主裁判员。

第 16 条 教练员：职责和权力

16. 1 教练员或助理教练员是球队的惟一代表，可在比赛期间与记录台人员联系以获得统计资料。做此举要有礼貌，而且只能在球成死球和比赛计时钟停止时，并且他们不得干扰比赛的正常进行。

16. 2 至少在预定的比赛开始前 20 分钟，每位教练员或他的代表应将该场比赛中合格参赛的球队成员的姓名和相应的号码，以及球队的队长、教练员和助理教练员的名单交给记录员。

16. 3 至少在比赛前 10 分钟，双方教练员应以在记录表上签字来确认已填入的他们球队成员的姓名、相应号码和教练员的姓名。同时，他们应指明比赛开始上场的 5 名队员。“A”队教练员应首先提供这个资料。

16.4 迟到的替补队员可以参加比赛，只要他们是被包括在比赛开始前 20 分钟交给记录员的合格参赛的球队成员名单之中。

16.5 只允许教练员或助理教练员请求要登记的暂停。

16.6 允许教练员或助理教练员(但不是同时两人)在比赛期间保持站立。这也适用于因任何正当原因替代他的队长。

16.7 当教练员或助理教练员需要一次替换时，替补队员必须向记录员报告替换请求，并必须立即做好比赛准备。

16.8 如果有助理教练员，他的姓名必须在比赛开始前填入记录表内(他没必要签字)。如果教练员因任何原因不能继续工作，他应承担教练员的所有职责和权力。

16.9 如果没有教练员，或如果教练员不能继续工作，并且记录表内没有填入助理教练员(或后者不能继续工作)，队长应担任教练员。如果队长因任何正当原因必须离开比赛场地，他可以继续担任教练员。然而，如果他在取消比赛资格的犯规后必须离开或如果他因为受伤不能担任教练员，他的替补队员(作为队长的)应替代他当教练员。

## 第五章　比赛通则

### 第 17 条 比赛时间、比分相等和决胜期

17.1 比赛应由 4 节组成，每节 10 分钟。

17.2 在第 1 节和第 2 节之间，第 3 节和第 4 节之间以及每一决胜期之前，应有 2 分钟的休息时间。

17.3 半时间的休息时间应为 15 分钟。

17.4 如果在第 4 节比赛时间终了时比分相等，为打破平局，需要一个 5 分钟的决胜期或多个这样的 5 分钟来继续比赛。

17.5 在所有的决胜期中，球队应朝向第 3 节和第 4 节中相同的球篮继续比赛。

第 18 条 比赛开始

18.1 对所有的比赛，在秩序册中队名列前的球队(主队)，应有球篮和球队席的选择权。

这个选择应在预定的比赛开始前至少 20 分钟告诉主裁判。

18.2 在第 1 节和第 3 节前，球队有权在他们对方的球篮所在的半场做赛前准备活动。

18.3 为进行第 3 节的比赛，球队应交换球篮。

18.4 如果某一球队在场上准备比赛的队员不足 5 名，比赛不能开始。

18.5 在中圈跳球，当球被一名跳球队员合法拍击时，比赛正式开始。

第 19 条 球的状态

球可能是活球或死球。

19.1 球成活球，当：

(1)跳球中，球被一名跳球队员合法拍击时。

(2)罚球中，裁判员将球置于罚球队员可处理时。

(3)掷球入界中，掷球入界的队员可处理球时。

19.2 球成死球，当：

(1)任何投篮或罚球中篮时。

(2)球成活球，裁判员鸣哨时。

(3)在一次罚球中球明显不会进入球篮，且该次罚球后接着有：

——另一(多次)罚球时。

——进一步的罚则(罚球和/或掷球入界)时。

(4)比赛计时钟信号响以结束每节或决胜期的比赛时间时。

(5)球成活球，24 秒钟装置信号响时。

(6)投篮中飞行的球在下述情况后被任一队的队员触及时：

——裁判员鸣哨。

——每节或决胜期比赛时间结束。

——24 秒钟装置信号已响。

19. 3 如果出现下列情况，球不成死球，如中篮算得分，当：

(1)投篮的球在飞行，裁判员鸣哨或比赛计时钟或 24 秒钟装置信号响时。

(2)罚球的球在飞行，裁判员因除罚球队员之外的任何规则违犯而鸣哨时。

(3)队员在做投篮动作并仍控制着球时，发生对方队员犯规，并且他完成犯规发生前已开始的投篮连续运动。（规则修改：原“对方队员对他犯规”现修改为“发生对方队员犯规”）

第 20 条 队员和教练员的位置

20. 1 一名队员的位置由他正接触着的地面所确定。

当队员跳起在空中时，他保持当他最后接触地面时所拥有的相同位置。这包括界线、中线、3 分线、罚球线和标定罚球区的各线。

20. 2 一名裁判员的位置的确定与一名队员的位置的确定相同。当球触及裁判员时，如同触及裁判员所位于的地面一样。

第 21 条 跳球

21. 1 定义

21. 1. 1 在球场的任一圆圈内，当裁判员在任何两名互为对方队的队员之间将球抛起，跳球发生。

21. 1. 2 当双方球队各一名或多名队员用一手或两手牢牢地握在球上，以致如不采用粗野动作，任一队员就不能获得控球时，是争球。

21. 2 规定

21.2.1 一节或决胜期的开始，应在中圈，在任何两名互为对方队的队员之间举行跳球。

21.2.2 当宣判一起争球，或当宣判一起双方犯规且其结果是跳球时，应在就近的圆圈，在所涉及的两名互为对方队的队员之间举行跳球。

如果有两名以上队员涉及争球，应在由裁判员所指定的、高度大致相同的两名互为对方队的队员之间跳球。

21.2.3 在任何(除上述第 21.2.1 或 21.2.2 款)情况中(包括一个活球停留在球篮支架上时)，比赛由跳球重新开始时，应在就近的圆圈，在任何两名互为对方队的队员之间举行跳球。

当导致跳球的情况发生时，这两名互为对方队的队员必须是已在球场上。

21.2.4 当跳球的就近圆圈不能被确定时，跳球应在中圈举行。

21.3 程序

21.3.1 每一位跳球队员的双脚应站立在靠近他的球队本方球篮的半圆内，一脚靠近圆圈的中线。

21.3.2 然后裁判员应在跳球队员之间将球向上(垂直地)抛起，其高度超过任一跳球队员跳起能达到的高度。

21.3.3 在球到达它的最高点后，它必须被一名或两名跳球队员用手拍击。

21.3.4 在球被合法拍击前，任一跳球队员不得离开他的位置。

21.3.5 在球被一名非跳球队员触及、或触及地面、球篮或篮板前，任一跳球队员不得抓住球或触球超过两次。

21.3.6 在球已被合法拍击前，非跳球队员的身体部分不能在圆圈线上或超过圆圈线(圆柱体)。

21.3.7 如果球没有被一名或两名跳球队员拍击，或如果球没有被至少一名跳球队员拍击而触及地面，则应重新跳球。

21.3.8 如果一名对方队员要求站立其中一个位置，同队队员不得围绕圆圈毗连站立。

21.3.9 如果被指定的跳球队员因受伤、已达他的第5次犯规或被取消比赛资格必须离开比赛，则他的替补队员应跳球。

如果没有有效的替补队员，由队长指定的任一队员应跳球。

第21.3.1，21.3.3，21.3.4，21.3.5和21.3.6款的违犯是违例。

### 第22条 如何打球

22.1 在篮球中，球只能用手来打。

22.2 带球跑，故意踢或用腿的任何部分阻挡球，或用拳击球都是违例。

22.3 球偶然地接触到脚或腿，或脚或腿偶然地触及球，不是违例。

### 第23条 控制球

23.1 当一名队员正持着或运着或可处理一个活球时，为队员控制球。

23.2 当某队的队员控制一个活球或球在同队队员之间传递时，为球队控制球。

23.3 在对方队员获得控制球或球成死球或在投篮或罚球中球已离开队员的手之前，是球队继续控制球。

### 第24条 队员正在做投篮动作

24.1 队员开始运动通常先于球离手，并根据裁判员的判断，他将球投、扣或拍向对方的球篮已开始了得分尝试时，为投篮动作开始。投篮动作继续到球离开投篮队员的手为止。

尝试得分的队员的手臂可能被对方队员抓住，从而阻碍他得分，只要被裁判员认为他是在做得分尝试。在这种情况下，球离开队员的手不是本质的(规则修改：原“纵然”现修改为“只要”)。

在跑动的合法步数和投篮动作之间没有联系。

24.2 就腾在空中的投篮队员而言，投篮动作继续到完成该尝试(球离开队员的手)，并且该队员的双脚落回地面。

然而，当球已离开投篮队员的手时，球队控制球结束。

24.3 一个被认为是对正在做投篮动作的队员发生的犯规，根据裁判员的判断，该犯规必须发生在队员投篮尝试中他的手臂和/或身体的连续运动已经开始之后。

连续运动：

(1)当球在队员手中停留并已开始投篮动作(通常是向上的)时开始。

(2)须包括队员在投篮尝试中的手臂和/或身体运动。

(3)如果做了一个全新的运动则结束。

如果关于连续运动的标准是如上所述，则该队员被认为是在做投篮动作。

第25条 球中篮和它的得分值

25.1 定义

25.1.1 当活球从上方进入球篮，并停留在球篮内或穿过球篮，是球中篮。

25.1.2 即使有极少部分的球体在篮圈中并在篮圈顶水平面下时，就认为球在球篮中。

25.2 规定

25.2.1 球进入球篮，对投篮的队按如下计得分：

(1)一次罚球中篮计1分。

(2)从2分投篮区中篮计2分。

(3)从3分投篮区中篮计3分。

25.2.2 如果队员意外地将球投入该队的本方球篮，得分应被记录，如同对方球队的队长得分。

25.2.3 如果队员故意地将球投入该队的本方球篮，这是违例，中篮不计得分。

25.2.4 如果队员使球从下方进入球篮，这是违例。

第26条 掷球入界

26.1 一般原则

26.1.1 每当球进入球篮，但该投篮或罚球无效，则随后的掷球入界应在罚球线的延长部分执行。

26.1.2 由技术犯规、违反体育道德的犯规或取消比赛资格的犯规引起的罚球之后，随后的掷球入界应在记录台对面的中场执行，不管最后的或仅有的罚球是否成功。

在中场执行掷球入界的队员应将双脚骑跨在中线的延长部分，并有权将球传给位于赛场任一处的队员。

26.1.3 控制活球球队的队员或拥有掷球入界权利的球队队员发生了侵人犯规后，随后的掷界外球应由非犯规球队在违犯的就近地点执行。

26.1.4 裁判员可以将球抛或反弹给执行掷球入界的队员，只要：

(1)裁判员距执行掷球入界的队员不超过3或4米。

(2)执行掷球入界的队员是在裁判员指定的正确地点。

(3)将要获得控制球的球队不获得不正当的利益。

26.2 投篮成功或最后一次罚球成功后

26.2.1 得分球队的任一名对方队员应在中篮得分的端线处掷球入界。

这也适用于中篮后的一次暂停或任一比赛的中止之后，在裁判员将球递交给队员或将球置于他可处理后。

26. 2. 2 执行掷球入界的队员可横向移动和/或后移和/或可将球传给站在端线上或端线后的同队队员，但是，当界外第一位队员可处理球时，5 秒钟计算开始。

26. 2. 3 在球穿过球篮后，执行掷球入界队员的对方队员不得触及球，偶然地或本能地触球是可谅解的，但如果在最初的警告后，掷球入界被对球干扰而延误，这是技术犯规。

26. 3 在违犯或任何其他比赛的中止后：

26. 3. 1 队员应在裁判员指定的违犯或比赛中断的就近地点执行掷界外球，直接位于篮板后面的地点除外。

26. 3. 2 裁判员必须将球递交、传给执行掷球入界的队员或置于该队员可处理处。

26. 4 规定

26. 4. 1 执行掷球入界的队员不得：

(1)在球被另一队员触及前在场上触及球。

(2)在球离手前或离手时步入场地。

(3)球离手超过 5 秒钟。

(4)球离手时，在球没有触及界内队员前使球触及界外。

(5)直接使球进入球篮。

(6)球离手前或离手时，从裁判员指定的地点横向移动超过 1 米或向不止一个方向移动。然而，只要情况许可，沿垂直界线方向后退多远都可以。

26. 4. 2 其他队员不得：

(1)在球已掷过界线前，将身体的任何部位超过界线。

(2)当界线外侧掷球入界地点的区域距障碍物少于 2 米时，靠近执行掷球入界的队员在 1 米之内。

违犯第 26. 4 条是违例。

26. 5 罚则

将球判给对方队员在原掷球入界的地点掷球入界。

第 27 条 要登记的暂停

27.1 定义

球队的教练员或助理教练员请求中断比赛，即是要登记的暂停。

27.2 规定

27.2.1 每次要登记的暂停应持续 1 分钟。

27.2.2 一次暂停机会开始，当：

(1)球成死球且比赛计时钟停止，以及当裁判员报告犯规或违例已结束了和记录台的联系时。

(2)某队在对方投篮之前或后已请求了要登记的暂停，对方队投篮得分时。

27.2.3 一次暂停机会结束，当：

(1)裁判员持球进入圆圈执行跳球时。

(2)裁判员持球或不持球进入罚球区执行第 1 次或仅有一次的罚球时。

(3)掷球入界的队员可处理球时。

27.2.4 在头 3 节的每节中，每队可准予 1 次要登记的暂停，第 4 节中准予 2 次要登记的暂停，每一决胜期中准予 1 次要登记的暂停。

27.2.5 除了对方队员投篮得分并且没有宣判犯规后准予的暂停外，应给首先提出暂停的教练员的队登记暂停。

27.2.6 一次要登记的暂停只可在记录员发出该次暂停请求的信号之前被撤销。

27.2.7 在暂停期间，队员们可以离开比赛场地并坐在球队席上，被允许在球队席内的人员可以进入球场，只要他们留在他们球队席的附近。

27.3 程序

27.3.1 教练员或助理教练员有权请求要登记的暂停。他应亲自到记录员处清楚地要求暂停，并用手做出适当的常规手势。

27.3.2 一旦暂停机会开始，记录员应通过他发出的信号，向裁判员指明提出了要登记的暂停请求。

如果某队已请求了要登记的暂停，在对方队投篮得分时，计时员应立即停止比赛计时钟，并发出他的信号。

27.3.3 当裁判员鸣哨并给出暂停信号时，暂停开始。

27.3.4 当裁判员鸣哨并招呼球队回到球场上时，暂停结束。

27.4 限制

27.4.1 由一个犯规罚则带来的罚球或多次罚球之后或之间不允许要登记的暂停，直到已出现一个比赛的钟表运行片段之后，球再次成死球为止。

例外：

(1)在多次罚球之间宣判了犯规。这种情况下，多次罚球应完成，在下一个犯规罚则执行前准予暂停。

(2)在最后一次或仅有一次的罚球后，在球成活球前宣判了一起犯规。这种情况下，在执行新的犯规罚则之前准予暂停。

(3)在最后一次或仅有一次的罚球后，在球成活球前宣判了一起违例，其罚则是跳球或掷球入界。

如果一个以上的犯规罚则造成多个罚球单元，每个单元分别处理。

27.4.2 在第4节或任一决胜期的最后2分钟内，在一次投篮成功后比赛计时钟停止时，得分的球队不得获得一次要登记的暂停。

27.4.3 没有用过的暂停不可带入下一节或决胜期内。

第28条 替换

28.1 规定

28.1.1 在替换机会期间，球队可以替换队员。

28.1.2 一次替换机会开始，当：

(1)球成死球且比赛计时钟停止，以及当裁判员报告犯规或违例已结束了和记录台的联系时。

(2)在第 4 节或任一决胜期的最后 2 分钟内某队已请求了替换，对方队投篮得分时。

一次替换机会结束，当：

(3)裁判员持球进入圆圈执行跳球时。

(4)裁判员持球或不持球进入罚球区执行第 1 次或仅有的一次罚球时。

(5)掷球入界的队员可处理球时。

28.1.3 已经被替换的队员和已成为队员的替补队员，他们分别不能重新进入比赛或离开比赛，直到已出现一个比赛的钟表运行片段之后，球再次成死球为止。

例外：

(1)某队已被减缩到少于 5 名队员。

(2)涉及纠正失误的队员已被合法地替换后坐在球队席上。

28.2 程序

28.2.1 替补队员有权请求替换。他应亲自到记录员处清楚地要求替换，并用手做出适当的常规手势。他应坐在替补席(长凳/椅子)上，直到替换机会开始。

28.2.2 一旦替换机会开始，记录员应通过发出他的信号，向裁判员指明已提出了替换请求。

28.2.3 替补队员应停留在界线外，直到裁判员给出替换手势。

28.2.4 已被替换的队员不必向裁判员或记录员报告。允许他直接去他的球队席。

28.2.5 替换应尽可能快地完成。已达第5次犯规或已被取消比赛资格的队员，必须在30秒钟内被替换。根据裁判员的判断，如果有不合理的延误，应给违犯的球队登记一次暂停。

28.2.6 如果在一次要登记的暂停中请求替换，该替补队员必须在进入比赛前向记录员报告。

28.2.7 一次替换只可在记录员发出该次替换请求的信号之前被撤销。

28.3 不允许替换

28.3.1 一次违例后，没有掷球入界球权的球队。

例外：

(1)执行掷球入界的球队已进行了替换。

(2)登记了任一球队犯规。

(3)准予了任一球队暂停。

(4)裁判员已中断了比赛。

28.3.2 由一个犯规罚则带来的罚球或多次罚球之后或之间，直到已出现一个比赛的钟表运行片段之后，球再次成死球为止。

例外：

(1)在多次罚球之间宣判了犯规。这种情况下，多次罚球应完成，在下一个犯规罚则执行前得到替换。

(2)在最后一次或仅有一次的罚球后，在球成活球前宣判了一起犯规。这种情况下,在执行新的犯规罚则之前得到替换。

(3)在最后一次或仅有一次的罚球后，在球成活球前宣判了一起违例，其罚则是跳球或掷球入界。

如果一个以上的犯规罚则造成多个罚球单元，每个单元分别处理。

28.3.3 对于涉及跳球的队员或罚球的队员。

例外：

(1)他受伤了。

(2)他已达第 5 次犯规。

(3)他已被取消比赛资格。

28.3.4 在第 4 节或任一决胜期的最后 2 分钟内，某队已请求了替换，当该队投篮得分后比赛计时钟停止时。

例外：

(1)在一次要登记的暂停期间。

(2)中篮得分的对方队也已请求了替换。

(3)裁判员已中断了比赛。

28.4 罚球队员的替换

试图罚球的队员可以被替换，只要：

(1)在第 1 次或仅有一次的罚球替换机会结束之前请求了替换。

(2)如果一个以上的犯规罚则造成多个罚球单元，每个单元分别处理。

(3)在最后一次或仅有一次的罚球后球成死球。

如果罚球队员被替换，对方队也可以获得一次替换，只要该请求在最后一次或仅有一次的罚球球成活球之前提出。

第 29 条 何时一节或一场比赛结束

29.1 当指示比赛时间结束的比赛计时钟信号响时，一节、一个决胜期或一场比赛应结束。

29.2 如果当指示任一节或决胜期结束的比赛计时钟信号响时，或恰在此前发生一起犯规，作为那起犯规结果的任何最后的罚球应执行。

第 30 条 比赛因弃权告负

30.1 规定

球队由于弃权应判比赛告负，如果：

(1)在主裁判员通知后拒绝比赛。

(2)它的行为阻碍比赛继续进行。

(3)在预定的比赛开始后15分钟，球队不到场或不能使5名队员入场准备比赛。

30.2 罚则

30.2.1 判给对方队获胜，且比分为20:0。此外，弃权队应在名次排列中得0分。

30.2.2 对于两场比赛(主和客)总分定胜负的一组比赛和季后赛(三战定胜负)，在第一、第二、第三场比赛中弃权的球队，应判该组比赛或季后赛因“弃权”告负。这不适用于季后赛(五战定胜负)。

### 第31条 比赛因缺少队员告负

31.1 规定

在比赛中，如果球队在球场上的队员人数少于2名，该球队由于缺少队员应判比赛告负。

31.2 罚则

31.2.1 如判获胜的球队领先，则在比赛停止时的比分应有效。如判获胜的球队不领先，则比分应记录为2:0，该球队获胜。此外，缺少队员的球队在名次排列中应得1分。

31.2.2 对于两场比赛(主和客)总分定胜负的一组比赛，在第一或第二场比赛中，缺少队员的球队应判该组比赛因“缺少队员”告负。

## 第六章 违例

### 第32条 违例

32.1 定义

违例是违犯规则。

32.2 程序

当判定违例时，裁判员在每一个实例中应注重和考虑下列基本原则：

(1)规则的精神和意图以及坚持比赛完整的需要。

(2)在每场比赛中运用常识的一致性，在比赛中要记住有关队员的能力以及他们的态度和行为。

(3)在比赛控制和比赛流畅之间保持平衡的一致性，对于参与者们正想做什么以及宣判什么对比赛是正确的，要有一种“感觉”。

32.3 罚则

将球判给对方队员在违例的就近地点从界外掷球入界，直接位于篮板后面的地方除外。

例外：第26.5，41.3，57.4.6和57.5.4条款。

第33条 队员出界和球出界

33.1 定义

33.1.1 当队员身体的任何部分接触界线上、界线上方或界线外的除队员以外的地面或任何物体时，即是队员出界。

33.1.2 当球触及了下列物体即是球出界：

(1)在界外的队员或任何其他人员。

(2)界线上、界线上方或界线外的地面或任何物体。

(3)篮板支撑架、篮板背面或篮板上方和/或篮板后面的任何物体。

33.2 规定

33.2.1 在球出界、甚至球触及了除队员以外的其他物体而出界之前，最后触及球或被球触及的队员是使球出界的队员。

33.2.2 如果球出界是由于触及了界线上或界线外的队员或被他所触及，是该队员使球出界。

第34条 运球

34.1 定义

34.1.1 当在球场上已获得控制活球的队员将球掷、拍、滚或运在地面上，并在球触及另一队员之前再次触及球为运球开始。

当队员双手同时触及球或允许球在一手或双手中停留时，即运球结束。

在运球的时候球可被掷向空中，只要队员用手再次触及球之前接触地面。

当球不与队员的手接触时，队员可行进的步数不受限制。

34.1.2 队员偶然地失掉球，随后在场上恢复控制活球，被认为是漏接球。

34.1.3 下列情况不是运球：

(1)连续地投篮。

(2)一次运球的开始或结束时漏接球。

(3)从其他队员的附近用拍击球来试图获得控制球。

(4)拍击其他队员控制的球。

(5)拦截传球并得到该球。

(6)只要不发生带球走违例，将球在两手之间抛接并在球触及地面前允许在手中停留。

34.2 规定

在队员第一次运球结束后不得再次运球，除非他在球场上已失去了对活球的控制以后，由于：

(1)投篮。

(2)被对方队员触及。

(3)传球或漏接，然后触及了另一队员或被另一队员触及。

第35条 带球走

35.1 定义

35.1.1 当队员在球场上持着一个活球，其一脚或双脚超出本规则所述的限制，向任一方向非法移动是带球走。

35.1.2 在球场上正持着一个活球的队员，用同一脚向任一方向踏出一次或多次，而其另一脚(称为中枢脚)保持着它与地面的接触点时为旋转。

35.2 规定

35.2.1 确立中枢脚

(1)双脚着地接住球的队员，可以用任意一脚作为中枢脚。一脚抬起的瞬间，另一脚成为中枢脚。

(2)在移动中或运球中接住球的队员，可以按下述要求停步：

①如果一脚正触及地面：

a 一旦另一脚触及地面时，原先那只脚成为中枢脚。

b 队员可以跳起那只脚并双脚同时落地，则哪只脚都不是中枢脚。

②如果双脚离地并且队员：

a 双脚同时落地，则任一脚都可以是中枢脚。一脚抬起的瞬间，则另一脚成为中枢脚。

b 两脚先后落地，则先触及地面的脚是中枢脚。

c 一脚落地，队员可以跳起那只脚并双脚同时落地，则哪只脚都不是中枢脚。

35.2.2 带球行进

(1)当队员在球场上控制一个活球并已确定中枢脚后：

——传球或投篮时，中枢脚可以抬起，但在球离手前不得落回地面。

——运球开始，在球出手之前中枢脚不得抬起。

(2)在停步后，哪只脚都不是中枢脚时：

——传球或投篮时，一脚或双脚可以抬起。但在球离手前不得落回地面。

——运球开始，在球离手前哪只脚都不得抬起。

35.2.3 队员跌倒、躺或坐在地面上

当一名队员持球跌倒在地面上，或躺或坐在地面上获得控制球，是合法的。

如果而后该队员持着球滑动、滚动或试图站起来，是违例。

第 36 条 3 秒钟

36.1 规定

36.1.1 当某队在场上控制活球，并且比赛计时钟正在运行时，该队的队员不得停留在对方队的限制区内超过持续的 3 秒钟。

36.1.2 队员在下列情况中应被默许：

(1)他试图离开限制区。

(2)他在限制区内，当他或他的同队队员正在做投篮动作，并且球正离开或恰已离开投篮队员的手时。

(3)他在限制区内已接近 3 秒钟时运球投篮。

36.1.3 为证实队员自身位于限制区外，他必须将双脚置于限制区外的地面上。

第 37 条 被严密防守的队员

37.1 定义

一名队员在场上正持着活球，这时对方队员处于积极的防守位置，距离不超过 1 米，是队员被严密防守。

37.2 规定

一名被严密防守的队员必须在 5 秒钟内传、投或运球。

第 38 条 8 秒钟

38.1 规定

38.1.1 每当一名队员在他的后场获得控制活球时，他的队必须在 8 秒钟内使球进入它的前场。

38.1.2 某队的后场包括该队本方的球篮、篮板的界内部分以及由该队本方球篮后面的端线、两条边线和中线所限定的球场部分。

38. 1. 3 某队的前场包括对方的球篮、篮板的界内部分以及由对方球篮后面的端线、两条边线和距对方球篮最近的中线边沿所限定的球场部分。

38. 1. 4 当球触及前场或触及有部分身体接触前场的队员或裁判员时，球进入该队的前场。

第 39 条 24 秒钟

39. 1 规定

39. 1. 1 每当一名队员在场上获得控制一个活球时，他的队应在 24 秒钟内尝试投篮。

一次投篮的构成必须遵守下列条件：

(1)在 24 秒钟装置的信号发出前，球必须离开投篮队员的手。

(2)球离开投篮队员的手后，在 24 秒钟装置的信号发出前，球触及篮圈。

39. 1. 2 万一控制球队在 24 秒钟内未能投篮，这应由 24 秒钟装置的信号声响来指明。

39. 1. 3 当一次投篮尝试临近 24 秒钟周期结束时，在球离开投篮队员的手后，球在空中时 24 秒钟信号响了，并且球进入球篮，应计中篮得分。

39. 2 程序

39. 2. 1 如果 24 秒钟装置错误复位，裁判员在发现时只要不把任一队置于不利，可立即停止比赛。24 秒钟装置上的时间应被纠正，并把球权退还给先前已控制球的队。

39. 2. 2 如果当某队已控制球时 24 秒钟装置误响，裁判员应立即停止比赛。应将球权和一个新的 24 秒钟周期判给在 24 秒钟装置响时先前已控制球的队。

关系到干涉得分和对球干扰的所有限制应适用。

39.2.3 如果24秒钟装置误响时没有球队控制球，比赛应以跳球重新开始。

第40条 球回后场

40.1 定义

40.1.1 球进入某队的后场，当：

(1)球触及后场。

(2)球触及有部分身体接触后场的队员或裁判员。

40.1.2 球被认为已回到他的后场，当控制球队的队员是：

(1)在他的前场最后触及球，并且而后同队队员首先触及球。

——在球已触及后场后。

——如果这名队员接触后场。

(2)在他的后场最后触及球，随后球触及前场，并且而后与后场接触的同队队员首先触及球。

这个限制适用于在某队前场的所有情况，包括掷球入界。

40.2 规定

在他的前场控制活球的队员不得使球回他的后场。

它不适用于每当罚球后还拥有在边线中点处掷球入界球权的掷球入界。

第41条 干涉得分和对球干扰

41.1 定义

41.1.1 投篮：手中持球，然后掷出通过空中朝向对方球篮。

拍：用手把球引向对方球篮。

扣：单手或双手用力或试图用力向下使球进入对方球篮。

拍和扣也被认为是投篮。

41. 1. 2 当球离开正在做投篮动作的队员的手时，投篮开始。

41. 1. 3 当球处于下列情况时投篮结束：

(1)从上方直接进入球篮并且停留其中或穿过球篮。

(2)不再有直接或在球触及了篮圈后进入球篮的可能性。

(3)在触及篮圈后被队员合法地触及。

(4)触及地面。

(5)变成死球。

41. 2 规定

41. 2. 1 当出现下列情况时，在投篮中就发生了干涉得分：

(1)当球在下落飞行并完全在篮圈水平面之上时，队员触及球。

(2)当球碰击篮板后并完全在篮圈水平面之上时，队员触及球。

(3)这些限制不适用于球不再有直接进入球篮的可能性或球已触及篮圈。(规则修改：原“仅适用到”现修改为“不适用于”)

41. 2. 2 当出现下列情况时，在投篮中就发生了对球干扰：

(1)当球与篮圈接触时队员触及球篮或篮板。

(2)队员从下方伸手穿过球篮并触及球。

(3)当球在球篮中时防守队员触及球或球篮。

(4)防守队员使得篮板或篮圈摇动，根据裁判员的判定，这种手段已妨碍球进入球篮。

41. 2. 3 当投篮的球在飞行时，以及在裁判员鸣哨后或比赛计时钟或 24 秒钟装置信号响后，干涉得分和对球干扰的所有规定应适用。

41.3 罚则

41.3.1 如果进攻方发生违例，不判给得分。将球判给对方队员在罚球线的延长部分掷界外球。

41.3.2 如果防守方发生违例，应判给进攻的队：

(1)当球在 2 分投篮区域出手时，得 2 分。

(2)当球在 3 分投篮区域出手时，得 3 分。

得分的判给和随后的程序，与由于球进入球篮判给得分的处理相同。

41.3.3 如果双方球队的队员同时发生违例，不判给得分。比赛应以跳球重新开始。

**第七章　犯规**

第 42 条 犯规

42.1 犯规是规则的违犯，含有与对方队员的身体接触和/或违反体育道德的举止。

42.2 规定

对违犯者登记犯规，并随后按照规则处罚。

第 43 条 接触

43.1 定义

43.1.1 在一场篮球比赛中，10 名队员快速移动在一个有限的空间内，身体接触不可避免。

43.1.2 确定是否处罚这样的接触，裁判员在每一个实例中应注重和考虑下列基本原则：

(1)规则的精神和意图以及坚持比赛完整的需要。

(2)运用“有利/无利”概念中的一致性；裁判员不应企图靠不必要地打断比赛的流畅来处罚附带的身体接触，况且这样的接触没有给有责任的队员利益，也未置他的对方队员于不利。

(3)在每场比赛中运用常识的一致性；比赛中要记住有关

队员的能力以及他们的态度和行为。

(4)在比赛控制和比赛流畅之间保持平衡的一致性；对于参与者们正想做什么以及宣判什么对比赛是正确的，要有一种“感觉”。

第 44 条 侵人犯规

44.1 定义

44.1.1 侵人犯规是队员犯规，含有与对方队员非法的接触，无论球是活球或是死球。

队员不得通过伸展他的手、臂、肘、肩、髋、腿、膝或脚，以及不得将其身体弯曲成“反常的”姿势(超出他的圆柱体)来拉、阻挡、推、拉、绊、阻止对方队员行进；也不得放纵任何粗野或猛烈的动作。

44.1.2 阻挡是阻止持球或不持球的对方队员行进的非法的身体接触。

44.1.3 撞人是推动或移动到对方队员躯干上的持球或不持球的身体接触。

44.1.4 背后非法防守是防守队员从对方队员的背后与其发生的身体接触。仅防守队员正试图去抢球的事实，不足以证明从背后与对方队员发生接触是不正当的。

44.1.5 拉人是干扰对方队员移动自由的身体接触。这样的接触(拉人)能发生在身体的任何部位。

44.1.6 非法掩护是非法地试图拖延或阻止不控制球的对方队员在赛场上到达希望到达的位置。

44.1.7 非法用手发生在防守队员处在防守状态，并且手放置在持球或不持球的对方队员身上并保持接触，以阻止其行进。

44.1.8 推人是队员用身体的任何部位强行移动或试图移动已控制或未控制球的对方队员时发生的身体接触。

44.2 罚则

在所有的情况中应对违犯者登记一次侵人犯规。

44.2.1 如果对没有做投篮动作的队员发生犯规：

(1)由非犯规的球队在最靠近违犯的地点掷界外球重新开始比赛。

(2)犯规的球队处于全队犯规处罚状态时，则应运用第55条(全队犯规：处罚)。

44.2.2 如果对正在做投篮动作的队员发生犯规：

(1)投篮成功，应计得分并判给1次罚球。

(2)从2分投篮区域的投篮不成功，应判给2次罚球。

(3)从3分投篮区域的投篮不成功，应判给3次罚球。

(4)在指示任一节或决胜期结束的比赛计时钟信号响时或恰好响之前，或当24秒钟装置信号响时，队员被犯规了，此时球仍在该队员的手中，而后投篮成功，不应计得分。应判给2或3次罚球。

44.3 圆柱体原则

圆柱体原则定义为一名站在地面上的队员占据一个假想的圆柱体内的空间。它包括该队员上面的空间，并受下列限定：

(1)前面由手的双掌。

(2)后面由臀部。

(3)两侧由双臂和双腿的外侧。

双手和双脚可以在躯干前面伸展，其肘部的双臂弯曲不超过双脚的位置，因此两前臂和双手要举起。他的双脚间的距离应与他的高度成比例。

44.4 垂直原则

44.4.1 在篮球场上，每一队员都有权占据没有被对方队员已经占据的任何场上的位置(圆柱体)。

44.4.2 这个原则保护队员所占据的地面空间和当他在此

空间内垂直跳起时的上方空间。

44.4.3 一旦队员离开他的垂直位置(圆柱体)并与已经建立了他自己的垂直位置(圆柱体)的对方队员发生身体接触，离开他的垂直位置(圆柱体)的队员对此接触负责。

44.4.4 防守队员垂直地离开地面(在他的圆柱体内)，或有双手和双臂伸展在上方并在他自己的圆柱体内，则不应判罚。

44.4.5 无论是在地面上或在空中的进攻队员，不得用下列方式与处于合法防守位置的防守队员发生接触：

(1)用他的手臂为他自己创造额外的空间(清除障碍)。

(2)在投篮时或刚投篮之后，伸展他的双脚或双臂去造成接触。

44.5 合法防守位置

44.5.1 一名防守队员已建立了最初的合法防守位置应当：

(1)他正面对他的对手。

(2)他的双脚着地。

44.5.2 合法防守位置从地面到天花板垂直地在他(圆柱体)上方伸展。他可将他的双臂和双手举过头或垂直跳起，但是他必须使手和臂保持垂直的姿势，并在假想的圆柱体内。



44.6 防守控制球的队员

44.6.1 当防守控制(持着或运着)球的队员时，时间和距离的因素不适用。

44.6.2 每当对方队员在持球队员面前(甚至是一瞬间)占据了一个最初的合法防守位置，持球队员必须料到被防守并必须准备停步或改变他的方向。

44.6.3 防守队员必须建立一个最初的合法防守位置，而且在占据位置前没有造成身体接触。

44.6.4 一旦防守队员已建立了一个最初的合法防守位置，他可以移动以便防守他的对手，但他不得伸展他的双臂、双肩、双髋或双腿，并通过这样做来造成接触，以阻止从他身边通过的运球队员。

44.6.5 当裁决阻挡/持球队员撞人情况时，裁判员应运用下列原则：

(1)防守队员必须以面对持球队员并双脚着地来建立一个最初的合法防守位置。

(2)防守队员为保持合法防守位置，可保持静立、垂直跳起、侧移或后移。

(3)在保持最初的合法防守位置的移动中，一脚或双脚可以瞬间离地，只要该移动是侧向或向后的，不朝向持球队员。

(4)接触必须发生在躯干上，在这样的情况下，防守队员应被认为是已经首先在该地点上了。

(5)已建立了合法防守位置的防守队员可以在他的圆柱体之内转身，以缓和任何冲撞或避免受伤。

如发生上述情况，应认为持球队员已经造成了犯规。

44.7 腾空的队员

44.7.1 从球场某地点跳起在空中的队员，有权再落回同一地点。

44.7.2 他有权落在球场的另一地点，只要在起跳和落地地点之间的直接通道以及落地点，在起跳的时候尚未被对方队员占据。

44.7.3 如果一名队员已跳起并落地，可是他的动量使其接触了在落地地点之外已占据了一个合法防守位置的对方队员，则该跳起者对此接触负责。

44.7.4 在对方队员已跳起在空中后，队员不得移动到他的路径上。

44.7.5 移动到腾空队员的身下并造成接触，通常是违反体育道德的犯规，某些情况下可能是取消比赛资格的犯规。

44.8 防守不控制球的队员

44.8.1 不控制球的队员有权在球场上自由地移动，并占据任何未被另一队员已经占据的位置。

44.8.2 当防守不控制球的队员时，时间和距离的因素应适用。防守队员不能如此靠近和/或如此快地在移动的对方队员的路径中占据一个位置，以至于后者没有足够的时间或距离停步或改变他的方向。

此距离与对方队员的速度直接成正比，不得少于正常的 1 步，不得多于正常的 2 步。

如果一名队员在占据最初的合法防守位置中不考虑时间和距离的因素，并与对方队员发生接触，他对该接触负责。

44.8.3 一旦一名防守队员已经建立了一个最初的合法防守位置，他不得为了阻止对方队员从他身边通过，而在他的路径中伸展臂、肩、臀或腿来与对方队员发生接触。他可以在他的圆柱体内转身或将手臂置于身前，并贴近身体以避免受伤。

44.9 掩护：合法的和非法的

44.9.1 当一名队员试图延误或阻止不控制球的对方队员到达希望到达的场上位置时，发生掩护。

44.9.2 合法的掩护是当正在掩护对手的队员：

(1)发生接触时是静止的(在他的圆柱体内)。

(2)发生接触时双脚着地。

44.9.3 非法的掩护是当正在掩护对手的队员：

(1)发生了接触时正在移动。

(2)发生了接触时，是在静止对手的视野之外，并且做掩护没有给出足够的距离。

(3)发生了接触时，对移动中的对手没有考虑时间和距离

的因素。

44.9.4 如果在静止对手的视野之内做掩护(前方的或侧方的)，做掩护的队员可按自己的意愿靠近对手以建立掩护，只要没有接触。

44.9.5 如果在静止对手的视野之外做掩护，做掩护的队员必须允许对手向他迈出正常的一步而不发生接触。

44.9.6 如果对手在移动中，时间和距离的因素应适用。做掩护的队员必须留出足够的空间，以便被掩护的队员能通过停步或改变方向来避免掩护。

要求的距离是不得少于正常的1步，不得多于正常的2步。

44.9.7 与已经建立掩护的队员的任何接触，由被合法掩护的队员负责。

44.10 阻挡

44.10.1 如果试图做掩护的队员在移动中与静止或后退的对方队员发生接触，则他构成了一起阻挡犯规。

44.10.2 如果队员不顾球，面对着对方队员并随着对方队员的移动而移动他的位置，除非包含其他因素，他对所发生的任何接触负主要责任。

所谓“除非包含其他因素”是指被掩护的队员故意推人、撞人或拉人。

44.10.3 队员在场上占据位置时把他的手臂或肘伸在他的圆柱体之外是合法的，但当对方队员试图通过时，他必须移到他的圆柱体之内。如果手臂或肘是在他的圆柱体之外并发生接触，这是阻挡或拉人。

44.11 用手和/或手臂接触对方队员

44.11.1 用手触及对方队员，本身未必是违犯。

44.11.2 裁判员应判定引起接触的队员是否已经获得了利

益。如果队员引起的接触在任何方面限制对方队员的移动自由，这样的接触是犯规。

44. 11. 3 当防守队员处于防守状态，并且他的手或手臂放置在持球或不持球的对方队员身上并保持接触，就发生了非法用手或非法伸展手臂。

44. 11. 4 反复地触及或“戳”持球或不持球的对方队员是犯规，因为这可导致粗暴的比赛。

44. 11. 5 这是持球进攻队员犯规：

(1)为了获得利益，用手臂或肘“钩住”或缠绕防守队员。

(2)为了阻止防守队员的防守或试图抢球，或为了在他和防守队员之间创造更大的空间，“推开”防守队员。

(3)运球时，用伸展的前臂或手去阻止对方队员获得控制球。

44. 11. 6 不持球的进攻队员为了下列原因“推开”防守队员是犯规：

(1)摆脱去接球。

(2)阻止防守队员的防守或试图抢球。

(3)在他和防守队员之间创造更大的空间。

44. 12 居中策应

44. 12. 1 垂直原则也适用于居中策应。

位于居中策应位置的进攻队员和防守他的对方队员，必须尊重彼此的垂直权利(圆柱体)。

44. 12. 2 位于居中策应位置的进攻队员或防守队员，用肩或髋将他的对方队员挤出位置，或用伸展的肘、臂、膝或身体的其他部位去干扰对方队员的活动自由，是犯规。

第 45 条 双方犯规

45. 1 定义

双方犯规是两名互为对方队的队员大约同时相互发生接触

犯规的情况。

45.2 罚则

45.2.1 应给每一犯规队员登记一次侵人犯规。不判给罚球。

45.2.2 比赛应按如下所述重新开始：

(1)如果在同时投篮有效并得分，应将球判给得分队的对方队员从端线掷球入界。

(2)如果某队已控制了球或拥有球权，应将球判给该队在距违犯最近的地点掷界外球。

(3)如果哪个队都没控制球，也不拥有球权，比赛应在距违犯最近的圆圈以跳球重新开始。

第 46 条 违反体育道德的犯规

46.1 定义

46.1.1 根据裁判员的判断，一名队员不是在规则的精神和意图的范围内合法地试图去直接抢球，发生的侵人犯规是违反体育道德的犯规。

46.1.2 违反体育道德的犯规在贯穿整场的比赛中必须解释一致。

46.1.3 裁判员必须只判断动作。

46.1.4 判断犯规是否是违反体育道德的，裁判员应运用如下原则：

(1)如果一名队员不努力去抢球并发生接触，这是一起违反体育道德的犯规。

(2)如果一名队员在努力抢球中造成过分的接触(严重犯规)，则该接触应被判定是违反体育道德的犯规。

(3)如果一名队员拉、打、踢或故意推对方队员，是一起违反体育道德的犯规。

(4)如果一名队员正做合法的努力去抢球(正常的篮球争

抢)发生了犯规，这不是违反体育道德的犯规。

46.1.5 反复出现违反体育道德的犯规的队员，必须被取消比赛资格。

46.2 罚则

46.2.1 应给犯规队员登记一次违反体育道德的犯规。

46.2.2 判给对方队罚球，以及随后在中场的球权。

判给罚球的次数应按如下规定：

(1)如果对没有做投篮动作的队员发生犯规,判 2 次罚球。

(2)如果对正在做投篮动作的队员发生犯规，如果中篮应计得分，并再加 1 次罚球。

(3)如果对正在做投篮动作的队员发生犯规，并没有得分，则按照试图投篮的地点，判 2 或 3 次罚球。

第 47 条 取消比赛资格的犯规

47.1 定义

47.1.1 队员、替补队员、教练员、助理教练员或随队人员恶劣的违反体育道德的行为，是取消比赛资格的犯规。

47.1.2 教练员也应被取消比赛资格，当：

(1)由于他自身违反体育道德行为的结果而被登记了 2 次技术犯规(“C”)时。

(2)由于助理教练员、替补队员或在球队席上的随队人员的违反体育道德行为的结果，而被累计登记了 3 次技术犯规(“B”)或 3 次技术犯规的组合中，其中有一次是登记教练员自身(“C”)时。

47.1.3 已被取消比赛资格的教练员，应由登记在记录表上的助理教练员接替。如果记录表上没有登记助理教练员，应由队长接替。

47.2 罚则

47.2.1 应给犯规者登记一次取消比赛资格的犯规。

47.2.2 犯规者应被取消比赛资格，令其去该队的休息室并在比赛期间留在那里，也可以选择离开体育馆。

47.2.3 判给对方队罚球，以及随后在中场的球权。

判给罚球的次数应同违反体育道德的犯规一样，适用第46.2.2款。

第48条 行为规定

48.1 定义

48.1.1 比赛的正当行为要求双方球队的成员(队员、替补队员、教练员、助理教练员和随队人员)与裁判员、记录台人员以及技术代表有完美和真诚的合作。

48.1.2 每个球队应尽最大的努力去获得胜利，但胜利的取得必须符合体育道德精神和公正竞赛的要求。

48.1.3 任何故意的或一再的不合作，或不遵守本规则的精神，应被认为是技术犯规并相应地处罚。

48.1.4 裁判员可以通过警告球队成员，或宽容那些明显是无意的、并不直接影响比赛的、属管理性质的小的技术违纪，来阻止技术犯规，除非在警告后重复出现同样的违犯。

48.1.5 如果在球成活球后发现了一起技术违犯，比赛应停止并登记一起技术犯规。如同技术犯规已发生在被登记时一样地执行罚则。在技术犯规与比赛停止之间的时间间隔内，无论发生了什么都应有效。

48.2 规定

比赛中可能发生与体育道德精神和公正竞赛相违背的暴力行为。裁判员应立即制止，如有必要，通过负责维持公共秩序的保安人员来制止。

48.2.1 无论何时队员、替补队员、教练员和随队人员之间发生了暴力行为，裁判员应采取必要的行动去制止他们。

48.2.2 任一上述的人员以十分恶劣的行为侵犯对方队员

或教练员时，应立即被取消比赛资格。裁判员必须将此事件报告给竞赛的组织者。

48.2.3 保安警察可以进入球场，只要裁判员要求这样做。如果发现带有明显采用暴力行为意图的观众进入场地，保安警察必须立即干预，以保护球队和裁判员。

48.2.4 所有其他区域，包括入口、出口、过道、休息室等，由竞赛组织者和负责维持公共秩序的保安人员管辖。

48.2.5 裁判员绝不允许队员、替补队员、教练员、助理教练员和随队人员进行可能导致比赛器材损坏的行为。

当裁判员观察到此类行为时，应立即给违犯队的教练员一次警告。

如果重复该行为，应立即宣判有关的违犯者一次技术犯规。如果该违犯者的姓名没有出现在记录表上，应给教练员登记技术犯规，并在记录表上记作“B”。

裁判员所做的决定是最终的，不能被争辩和漠视。

第 49 条 队员的技术犯规

49.1 定义

49.1.1 队员的技术犯规，是不包含与对方队员接触的队员犯规。

49.1.2 当一名队员不顾裁判员的警告或运用如下伎俩是技术犯规：

(1)没有礼貌地与裁判员、技术代表、记录台人员或对方队员交涉或触及他们。(规则修改：原“教练员”现修改为“裁判员”)

(2)很可能冒犯或煽动观众的语言和举止。

(3)戏弄对方队员或在他的眼睛附近插手妨碍其视觉。

(4)阻碍迅速地执行掷球入界以延误比赛。

(5)宣判犯规后，在裁判员要求他举手后，不正正当当地举起他的手。

(6)改变他的队员号码，没有报告记录员和裁判员。

(7)由于任何未经批准的原因离开场地。

(8)悬吊在篮圈上，致使队员的重量由篮圈支撑。

在扣篮的情况下，队员可以：

——瞬间并是偶然地抓住篮圈。

——悬吊在篮圈上，根据裁判员的判断，如果他正试图防止自己或另一名队员受伤。

49.2 罚则

49.2.1 应给该队员登记一次技术犯规。

49.2.2 应判给对方队一次罚球，以及随后在中场的球权。

第 50 条 教练员、助理教练员、替补队员或随队人员的技术犯规

50.1 定义

50.1.1 教练员、助理教练员、替补队员或随队人员不得无礼貌地与裁判员、技术代表、记录台人员或对方队员讲话或接触。

50.1.2 教练员、助理教练员、替补队员或随队人员仅被允许在球队席区域内的人员，他们必须留在那里。

下列情况例外：

(1)在得到裁判员的许可之后，一名教练员、助理教练员、替补队员或随队人员可以进入赛场去照料受伤的队员。

(2)如果根据医生的判断，受伤队员处于危险中并立即需要照料，他可以不经裁判员的许可就进入球场。

(3)替补队员可以在记录台处请求替换。

(4)教练员或助理教练员可以请求要登记的暂停。

(5)在要登记的暂停期间，一名教练员、助理教练员、替

补队员或随队人员可以进入球场向他的球队成员讲话，只要他留在他的球队席区域附近。

然而，在比赛期间，教练员可以指挥他的队员，只要他留在他的球队席区域内。

(6)在比赛计时钟停止时，教练员或助理教练员可以去记录台获取统计资料。做此举应是有礼貌的，并不干扰比赛的正常进行。

50.2 罚则

50.2.1 应给教练员登记一次技术犯规。

50.2.2 应判给对方队 2 次罚球，以及随后在中场的球权。

### 第 51 条 在比赛休息期间的技术犯规

51.1 定义

在比赛休息期间可以宣判技术犯规。

在比赛开始前 20 分钟或计时员的结束任一节比赛时间的信号响时，比赛休息期间开始。

在中圈跳球，当球被跳球队员合法地拍击开始下一节时，比赛休息期间结束。

51.2 罚则

如果对下列人员宣判了技术犯规：

(1)一名有资格参赛的球队成员。对该球队成员作为队员犯规登记，并应判给对方队 2 次罚球。

它应作为全队犯规之一计数。

(2)一名教练员、助理教练员、队员——教练员或随队人员。对教练员登记并应判给对方队 2 次罚球。

它不作为全队犯规之一计数。

如果宣判技术犯规超过一起，见第 56 条(特殊情况)。

51.3 程序

在多次罚球已经完成后，该比赛、该节或该决胜期应在中圈以跳球开始。

第 52 条 打架

52. 1 定义

打架是两名或多名人员(队员、替补队员、教练员、助理教练员和随队人员)之间的相互斗殴。

本条款仅适用于在打架中或在可能导致打架的任何情况中离开球队席区域界限的替补队员、教练员、助理教练员和随队人员。

52. 2 规定

52. 2. 1 在打架中或在可能导致打架的任何情况中离开球队席区域界限的替补队员或随队人员，应被取消比赛资格。

52. 2. 2 在打架中或在可能导致打架的任何情况中，为了协助裁判员维持或恢复秩序，只允许教练员和/或助理教练员离开球队席区域的界限。在这种情况中，教练员和/或助理教练员不应被取消比赛资格。

52. 2. 3 如果教练员和/ 或助理教练员离开球队席区域的界限，并不协助或试图协助裁判员维持或恢复秩序，他应被取消比赛资格。

52. 3 罚则

52. 3. 1 不论由于离开球队席区域的界限而被取消比赛资格的替补队员或随队人员的数量有多少，应给教练员登记一个单一的技术犯规(“B”)。

52. 3. 2 如果双方球队的成员在本条的规定下被取消比赛资格并且没有其他的犯规罚则(见如下第 52. 3. 4 款)，比赛应以跳球重新开始。

52. 3. 3 所有的取消比赛资格的犯规并不作为全队犯规之一计数。

52.3.4 在替补队员和随队人员离开球队席区域之前发生的所有犯规罚则，应按第 56 条(特殊情况)处理。

## 第八章　一般规定

### 第 53 条 基本原则

53.1 在比赛的任何时候，不论球是活球或死球，每一位裁判员都有独立宣判犯规的权力。

53.2 对某一队或双方队可能宣判许多犯规。不管罚则如何，应在记录表上给每一起犯规的违犯者登记一次犯规。

### 第 54 条 队员 5 次犯规

54.1 一名队员不论侵人犯规和/或技术犯规已发生了 5 次，应通知本人并必须立即离开比赛。他必须在 30 秒钟内被替换。

54.2 先前已达他的第 5 次犯规的队员的犯规，登记在教练员名下，并应在记录表上填入“B”。

### 第 55 条 全队犯规——处罚

55.1 定义

55.1.1 在一节中，作为登记某队任何队员的侵人犯规或技术犯规的结果，已发生了 4 次全队犯规时，该队是处于全队犯规处罚状态。

55.1.2 在任一比赛休息期间发生的所有全队犯规，应被认为是随后一节或决胜期的一部分。

55.1.3 在任一决胜期内发生的所有全队犯规，应被认为是第四节的一部分。

55.2 规定

55.2.1 当某队处于全队犯规处罚状态时，所有随后发生的对未做投篮动作的队员的侵人犯规，应被判 2 次罚球，而不是判给掷球入界的球权。

55.2.2 如果控制活球队的队员或拥有掷球入界球权队的

队员发生了侵人犯规，这样的犯规不应被判 2 次罚球。

第 56 条 特殊情况

56. 1 定义

在一起犯规或一起违例后的同一个停止比赛计时钟期间，又发生了一起或多起犯规时，可能出现特殊情况。

56. 2 程序

56. 2. 1 应登记所有的犯规，并区分出所有的罚则。

56. 2. 2 应确定所有犯规发生的次序。

56. 2. 3 双方球队所有相等的罚则和所有双方犯规的罚则应被抵消。一旦罚则已被抵消，就认为它们从未发生过。

56. 2. 4 作为还要执行的最后罚则一部分的拥有球的权利，应取消任何先前的拥有球的权利。因此，这些权利应被剥夺。

56. 2. 5 在第一次或仅有一次的罚球中，或在掷球入界中，一旦球已成为活球时，那么该罚则不能再用来抵销另一罚则。

56. 2. 6 所有留下的罚则应按它们被宣判的次序执行。

56. 2. 7 如果双方球队抵消了相等的罚则后，没有留下其他要执行的罚则，比赛应按第 45. 2. 2 款重新开始。

第 57 条 罚球

57. 1 定义

57. 1. 1 一次罚球是给予一名队员在罚球线后的半圆内，在无争抢的情况下得 1 分的机会。

57. 1. 2 由一起单一的犯规罚则带来的所有罚球，被定义为一个罚球单元。

57. 1. 3 一次罚球和其中包含的活动结束，当球：

(1)从上方直接进入球篮并停留其中，或穿过球篮。

(2)不再有直接或球触及篮圈后进入球篮的可能性。

(3)在已触及篮圈后被一名队员合法触及。

(4)触及地面。

(5)成为死球。

57.1.4 随着最后一次或仅有一次的罚球，当球已触及篮圈后，在进入球篮前被进攻队员或防守队员合法触及，此尝试改变了球的状态并成为一个 2 分投篮。

57.2 当宣判了一起侵人犯规，其罚则是判给罚球时

(1)受到侵犯的队员应执行罚球。

(2)如果受到侵犯的队员被请求替换，在离开比赛前他必须执行罚球。

(3)如果被指定执行罚球的队员由于受伤、已达他的第 5 次犯规或已被取消比赛资格必须离开比赛，他的替补队员应执行罚球。如果没有有效的替补队员，队长可指定任一队员执行罚球。

(4)当宣判了一起技术犯规时，可由对方球队的队长指定的任一队员执行罚球。

57.3 罚球队员：

(1)应在罚球线后并在半圆内占据一个位置。

(2)可用任何方式罚球，在此举中，球不触地面、从上方进入球篮或球触及篮圈。

(3)从裁判员将球置于他可处理时起，在 5 秒钟内应将球离手。

(4)不得触及罚球线以及超过罚球线的比赛场地，直到球已进入球篮或已触及篮圈。

(5)不得做假动作罚球。

违犯第 57.4 款是违例。

57.4 罚则

如果罚球队员发生了一起违例：任何其他队员在此以前、

同时或之后发生的任何其他违例，应不究并不判给得分。

应罚给对方队员在罚球线的延长部分掷界外球，除非还要执行后续的罚球。

57.5 在位置区的队员

57.5.1 位置区的占据：

(1)最多5名队员(3名防守队员和2名进攻队员)可以占据被看做是1米深的罚球位置区。

(2)限制区两侧的第一位置区，应由罚球队员的对方队员占据。

(3)队员们应交错站位，只占据他们有权占据的位置区。

57.5.2 在罚球位置区内的所有队员不得：

57.5.2.1 占据他们无权占据的位置区。

57.5.2.2 在球离开罚球队员的手前进入限制区、中立区域或离开位置区。

57.5.2.3 当球在飞往球篮的途中，在球触及篮圈前或明显不会触及篮圈之前触及球。

57.5.2.4 当球与篮圈接触时触及球篮或篮板。

57.5.2.5 从下方穿过球篮并触及球。

57.5.2.6 在还有后续罚球的任一罚球中，在球有进入球篮可能性的时候触及球、球篮或篮板。

57.5.2.7 在球离开罚球队员的手之前，一旦球已成为活球时，从他们所确立的位置中移动。

57.5.3 罚球队员的对方队员不得：

57.5.3.1 用他的行为扰乱罚球队员。

57.5.3.2 当球在球篮中时触及球或球篮。

57.5.3.3 当球在飞行中使得篮板或篮圈摇动，根据裁判员的判断，此举阻碍了球进入球篮。

违犯第57.5款是违例。

57.5.4 罚则

57.5.4.1 如果罚球成功，且在位置区内的任一队员违反了第57.5.1，57.5.2.1，57.5.2.2，57.5.2.7或57.5.3.1款，该违例应不究并应计得分。

57.5.4.2 如果罚球不成功，且违反了第57.5.1，57.5.2.1，57.5.2.2，57.5.2.7或57.5.3两款，是由：

●罚球队员的同队队员：应将球判给对方队员在罚球线的延长部分掷界外球。

●罚球队员的对方队员：应判给罚球队员补罚一次。

●双方球队：比赛应以跳球重新开始。

57.5.4.3 如果违反了第57.5.2.3，57.5.2.4，57.5.2.5，57.5.2.6,57.5.3.2或57.5.3.3款,是由：

●罚球队员的同队队员：不能判给得分，并应将球给对方队员在罚球线的延长部分掷界外球。

●罚球队员的对方队员：应认为该罚球成功并判给得1分。

●双方球队：不能判给得分，比赛应以跳球重新开始。

57.5.4.4 在最后一次或仅有一次的罚球中，如果罚球队员的对方队员违反了第57.5.2.3款，应认为罚球成功，判给得1分，并给发生违例的队员登记一次技术犯规。



57.5.4.5 如果获得一次以上的罚球，只有在最后一次或仅有一次的罚球发生违例时，才判给掷球入界或跳球的罚则。

57.6 所有没有在罚球位置区内的队员应：

57.6.1 不得用他们的行为扰乱罚球队员。

57.6.2 留在罚球线的延长部分和3分投篮线之后，直到球触及篮圈或罚球结束。

违反第57.6款是违例。

57.6.3 罚则

见上述第 57. 5. 4 款。

57. 7 在一起罚球后接着有另一罚球单元、一次掷球入界或一次跳球的期间：

57. 7. 1 队员们不应占据位置区。

57. 7. 2 所有的队员应在罚球线的延长部分和 3 分投篮线之后。

违反第 57. 7. 4 款是违例。

57. 7. 3 罚则

见上述第 57. 5. 4 款。

第 58 条 可纠正的失误

58. 1 定义

如果某条规则被无意地忽视，并仅导致下列情况时，裁判员可以纠正某失误：

58. 1. 1 判给不应得的罚球。

58. 1. 2 允许不该罚球的队员执行罚球。

58. l. 3 没有判给应得的罚球。

58. l. 4 裁判员不正确地判给得分或取消得分。

58. 2 程序

58. 2. 1 要纠正上述提到的失误，必须在失误后且开启比赛计时钟后的第一次死球后、球成活球前，被裁判员发现或引起裁判员的注意。

那就是：

发生失误——所有的失误发生在一个死球期间。

球成活球——失误可纠正。

比赛计时钟开启或继续运行——失误可纠正。

死球——失误可纠正。

球成活球——失误不再可纠正。

58. 2. 2 发现一起可纠正的失误时，裁判员可立即停止比赛，只要不把任一队员置于不利。如果在比赛中发现了失误，记录员为了停止比赛，必须等到第一个死球时发出他的信号，以引起裁判员的注意。

58.2.3 在失误的认可之前，已发生的任何得分、用去的时间和附加的行为，不应被取消。

58.2.4 在某失误已被发现后并仍可纠正时：

(1)如果在失误的纠正中涉及的队员，已被合法替换后坐在该球队席上(不是因已被取消比赛资格或已达他的第5次犯规)，他必须重新进入比赛场地去参加纠正失误(此时他成为一名队员)。

在完成纠正后，他可以留在比赛中，除非已再次请求了一次合法的替换，在此情况下该队员可以离开比赛场地。

(2)如果该队员由于已达他的第5次犯规或被取消比赛资格已被替换，他的替补队员必须参加纠正失误。

58.2.5 在失误纠正之后，比赛应在纠正失误而被中断处重新开始。应将球判给发现失误时拥有球权的队。

58.2.6 主裁判员已在记录表上签字后，可纠正的失误不能被纠正。

58.2.7 记录员记载内容(包括比分、犯规次数或暂停次数)的任何失误或错误是可纠正的失误，可由裁判员在主裁判员在记录表上签字前的任何时候予以纠正。

58.3 例外

58.3.1 如果失误造成不应得的罚球或不该罚球的队员执行罚球，作为失误的结果而执行的罚球和其中包含的所有活动应被取消，除非在失误后的活动中宣判了技术犯规、违反体育道德的犯规或取消比赛资格的犯规。

58.3.2 如果失误造成不该罚球的队员执行罚球或没有判给应得的罚球，并且如果自失误发生以来，球权没有被改变，则在失误被纠正后，应如同正常的罚球后一样地重新开始比赛。

58.3.3 如果失误造成没有判给应得的罚球，在错误地判给了球权之后，如同一队得分，则该失误应不追究了。

# 4 篮球竞赛制度

篮球竞赛有三种基本的竞赛制度(方法)：循环制、淘汰制和混合制。

这三种竞赛制度(方法)本身都各有利弊，究竟采用哪种竞赛制度(方法)，还需根据球队多少、比赛限长短、场地多少等因素来决定，以达到趋利除弊，相得益彰。

## 4.1 循环制

循环制，是每个队都能和其他队比赛一次或两次，最后按成绩计算名次。这种竞赛方法比较合理、客观和公平，有利于各队相互学习和交流经验。

循环制，包括单循环、双循环和分组循环三种方法。

单循环

单循环，是所有参加比赛的队均能相遇一次，最后按各队在全部比赛中的积分、得失分率排列名次。如果参赛球队不多，而且时间和场地都有保证，通常都采用这种竞赛方法。

单循环比赛轮次的计算：如果参加的队数是偶数，则比赛轮数为队数减 1。例如：8 个队参加比赛，比赛轮数为 8 - 1 = 7 轮。如果参加的队数是奇数，则比赛轮数等于队数。例如：5 个队参加比赛，比赛就要进行 5 轮。计算轮数的目的，在于计算比赛所需的总时间。例如：有 7 个队参加比赛，其轮数是

7 轮，如果比赛中间再休息 2 天，则比赛的总时间为 9 天。

单循环比赛场次的计算：

单循环比赛场次计算的公式为：$\frac{N(N-1)}{2}=x$，即

$$\frac{\text{队数}(\text{队数}-1)}{2}=\text{比赛总场数}$$

计算场次的目的，在于计算比赛所需的场地数量，并由此考虑裁判员的数量，以及如何编排竞赛日程表等。

单循环比赛的编排：单循环比赛顺序的编排，一般采用轮转法。不论参加队数是偶数还是奇数，都应按偶数编排。如果是奇数，可以补一个“0”号，与“0”相遇的队就轮空一次。例如：有 8 个队参赛的情况下，其编排如表 4.1。

**表 4.1　8 个队参赛的比赛顺序(轮转法)**

| 第一轮 | 第二轮 | 第三轮 | 第四轮 | 第五轮 | 第六轮 | 第七轮 |
|---|---|---|---|---|---|---|
| 1——2 | 1——3 | 1——4 | 1——5 | 1——6 | 1——7 | 1——8 |
| 8——3 | 2——4 | 3——5 | 4——6 | 5——7 | 6——8 | 7——2 |
| 7——4 | 8——5 | 2——6 | 3——7 | 4——8 | 5——2 | 6——3 |
| 6——5 | 7——6 | 8——7 | 2——8 | 3——2 | 4——3 | 5——4 |

这种轮转法，适用于各队实力互不了解，故采用抽签定位的办法，很可能出现强队早期相遇。

“逆时针轮转法”，这种编排方法可使最后的比赛保持精彩，是通常采用的编排方法，如表 4.2 所示。

**表 4.2　8 个队参赛的比赛顺序(逆时针轮转法)**

| 第一轮 | 第二轮 | 第三轮 | 第四轮 | 第五轮 | 第六轮 | 第七轮 |
|---|---|---|---|---|---|---|
| 1——8 | 1——7 | 1——6 | 1——5 | 1——4 | 1——3 | 1——2 |
| 2——7 | 8——6 | 7——5 | 6——4 | 5——3 | 4——2 | 3——8 |
| 3——6 | 5——5 | 8——4 | 7——3 | 6——2 | 5——8 | 4——7 |
| 4——5 | 3——4 | 2——3 | 8——2 | 7——8 | 6——7 | 5——6 |

在有 5 个队参赛的情况下，可用补“0”的办法编排，如表 4. 3 所示。

**表 4. 3　5 个队参赛的比赛顺序**

| 第一轮 | 第二轮 | 第三轮 | 第四轮 | 第五轮 |
|---|---|---|---|---|
| 0——5 | 0——4 | 0——3 | 0——2 | 0——1 |
| 1——4 | 5——3 | 4——2 | 3——1 | 2——5 |
| 2——3 | 1——2 | 5——1 | 4——5 | 3——4 |

下述方法，通常可使最后的比赛保持精彩，是常用的编排方法，如表 4. 4 所示。

**表 4. 4　5 个队参赛的比赛顺序**

| 第一轮 | 第二轮 | 第三轮 | 第四轮 | 第五轮 |
|---|---|---|---|---|
| 1——0 | 1——5 | 1——4 | 1——3 | 1——2 |
| 2——5 | 0——4 | 5——3 | 4——2 | 3——0 |
| 3——4 | 2——3 | 0——2 | 5——0 | 4——5 |

为了避免劳逸不均的情况，还可以把“0”号放到右边最下位置，并且保持不动。

轮次表编排完后，各队进行抽签，并按各队抽到的号码填到轮次表里(或按上届比赛的名次顺序确定编号)，据此再编成竞赛日程表。编排竞赛日程表，首先要贯彻机会均等、公平竞争的原则，当然也要适当地照顾到比赛(观众)的需要，可以从时间(上午、下午、晚上)、场馆(大馆或小馆)、地区(本地或外地)等不同的方面做出调整，达到各队大体上的平衡。

编排中，要考虑到轮次中间的间隔长短，以保证运动员有足够的休息时间。如果竞赛期限允许，通常打完 3 轮后要休息一天。至于服装的颜色，应按规则规定执行，即秩序册中队名列前的队(主队)要穿深色服装。编排时，要注意到留有洗晒的时间。

双循环

双循环，是所有参加比赛的队均能相遇两次，最后按各队在两个循环的全部比赛中的积分、得失分率排列名次。如果参赛队少，或者创造更多的比赛机会，通常会采用双循环的比赛方法。

目前，全国男子篮球甲级联赛采用主客场制，在第一阶段预赛和 9 ~ 12 名保级赛中采用的就是双循环比赛。

双循环比赛的轮次、场次以及比赛时间，均是单循环比赛的倍数。

分组循环

分组循环，是将所有参加比赛的队先分成若干个小组进行第一阶段预赛，然后每组的优胜队之间再进行第二阶段的决赛，决定第 1 名和以下的名次。在分组预赛中采用单循环的比赛方法，在决赛中可采用单循环赛、同名次赛、交叉赛等，故也称这种竞赛方法为混合循环制或“两阶段制”。分组循环适用于有较多的队参加的竞赛，可以在不长的期限内较合理较公平地完成竞赛任务。

分组循环的不足之处，是参赛队由于实力不同，如果分布不均，可能造成强队先期被削减、弱队反而名次排列在前面的局面。为了克服这个缺陷，在编排中应设立“种子队”。所谓“种子队”，就是实力和成绩相对较强的队，应被合理地分开。种子队可以通过协商确定，也可以根据上一届比赛的名次来确定。为了照顾主办竞赛的单位，有时也将主队作为种子队。不过这些都应在竞赛规程中作出规定，还要经过一定会议的讨论和认可。

分组循环的具体编排如下：例如，有 16 个队参加比赛，为了使各组的队数相均，可分成 4 个小组，每组 4 个队。如果时间、经费允许，又希望多打比赛，也可分成两个小组，每组

8个队。在分成4个小组中，"种子队"可设立4个队，也可设立8个队，经抽签编到小组内，或者将1、8，2、7，3、6，4、5(依照上届比赛的名次排出)经抽签编入组内。其余的按蛇形排列方法，将1、4、5、8“种子队”排到第一组，2、3、6、7“种子队”排到第二组，其余各队再经抽签编入组内。

第二阶段的决赛如果采用单循环赛，4个小组的第1名(两个小组的第3、4名)编为一组，决出5~8名；其余依此类推，决出全部名次。

第二阶段的决赛如果采用同名次赛，则由两个小组的第1名比赛决出冠、亚军，两个小组的第2名中决出第3和第4名，依次类推，决出全部名次。

第二阶段的决赛若采用交叉赛，则A组的第1名对B组的第2名，B组的第1名对A组的第2名先进行半决赛，再由两场比赛的胜者进行决赛决出冠、亚军，负者决3、4名。其余名次，也是依照上述交叉的方法进行。如果两个小组都各有5个队，剩下的队不能采用交叉赛，也可采用同名次赛决出最后的名次。此事应在竞赛规程中作出规定。以上情况，在混合制中还要重点谈及。

## 4.2 淘汰制

淘汰制，是参加比赛的队经过一次或两次失败后即被淘汰，获胜的队继续比赛，一直到取得最后的胜利。这种竞赛方法，适用于比赛队数多、比赛期限短、对名次要求不甚严格的竞赛。这种竞赛方法虽然体现了“优胜劣汰”的原则，但就整体比赛而言，它出现胜负的偶然性较大，合理性较差，而且球队参加比赛的机会少。因此，重大篮球竞赛已较少单独使用这种方法。淘汰制分为单淘汰制和双淘汰制两种。

单淘汰制

单淘汰制，是参加比赛的队经过一次失败后，即被淘汰。这种竞赛方法，最终可决出冠、亚军，但不能决出其余名次。

单淘汰制的编排方法如下：首先根据参加比赛的队数制定比赛轮次表，然后经各队抽签，再将队名填入相应的表内。例如：有 8 个队参加比赛，其轮次表如表 4.5 所示。表 4.5 是 8 个队参赛的比赛顺序：

**表 4.5　8 个队参赛的比赛顺序**

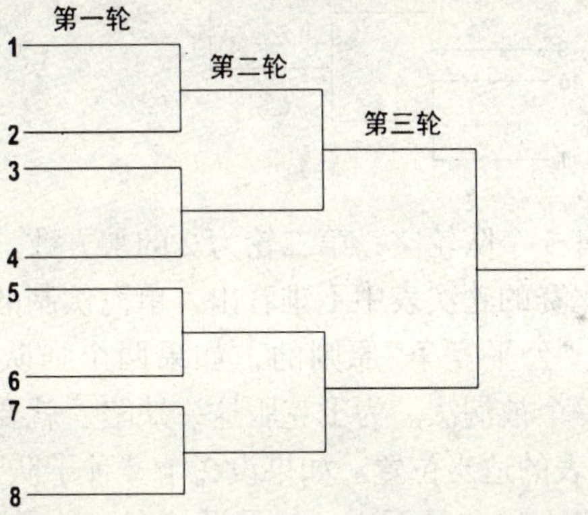


第一轮获胜的队进入第二轮，第二轮获胜的队进入第三轮，最后决出优胜队。胜队为冠军，负队为亚军。

如果参加比赛的队不是 2 的乘方数(4、8、16、32...)，第一轮比赛中就会有一些队轮空。在编排上要使第二轮比赛的队数为 2 的乘方数。例如：有 11 个队参加比赛，其轮次表如表 4.6 所示。表 4.6 是 11 个队参赛的比赛顺序。

**表 4.6　11 个队参赛的比赛顺序**

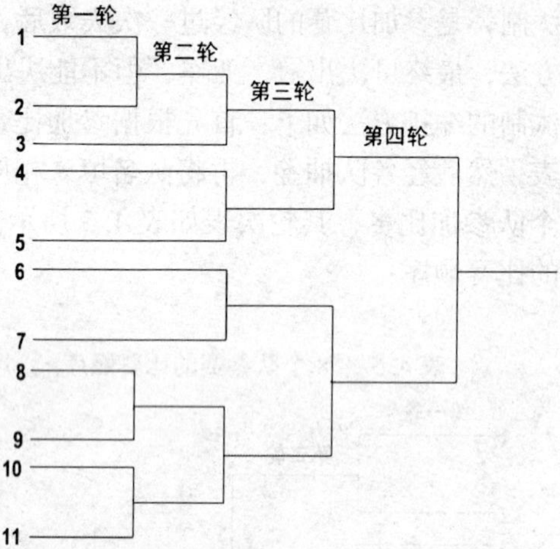


第一轮有 5 个队轮空，第二轮为 2 的乘方数。

从上述比赛的轮次表中不难看出，单淘汰制的比赛方法是不完全符合“公平竞争”原则的，如果两个强队在第一轮相遇，势必有一个被淘汰。为了克服这一缺陷，就要先把“种子队”放在轮次表的适当位置。如果设 2 个“种子队”，应分别排在轮次表的最上边和最下边。如果设 4 个“种子队”，应分别排在两个半区的最上边和最下边。如比赛需要有轮空，则“种子队”在第一轮中优先轮空为好。

单淘汰制只能确定冠、亚军，如果需要确定其余名次，应进行附加赛。如将第二轮失败的两队再进行一次比赛，则胜者即为第 3 名，负者为第 4 名。第一轮比赛的负队进行附加赛，可以确定第 5 ~ 8 名。

双淘汰制

双淘汰制，是参加比赛的队经过两次失败后即被淘汰。这种竞赛方法，给比赛队增加了竞争的机会，从而减少了比赛胜负的偶然性。

双淘汰制的编排方法基本上和单淘汰制相同，只是进入第二轮后，失败的队还要进行比赛，再失败的队则被淘汰。如有8个队参加比赛，除了冠、亚军外，其余的名次可根据在比赛中获胜的次数来确定(多者名次列前)。如果两个队获胜的次数相等，则两队之间比赛获胜者名次列前。如果这两个队之间没有比赛，则名次并列。另外，也可采用附加赛的办法决定其余名次。为了加深理解和便于实际操作，下面介绍几个不同数量的队进行双淘汰比赛，并能确定所有名次的编排表格，如表4.7所示。

表中符号说明：

A、B、C、D——A队、B队、C队、D队……

BYE——轮空

①–编号

W–胜队　W1–①号比赛胜队

L–负队　L2–②号比赛负队

表4.7是8个队比赛编排表

8个队应经抽签定位。具体比赛日程可作如下安排：

第1天——1，2，3，4比赛。

第2天——5，6，7，8比赛。

第3天——9，10比赛。

第4天——11，12，13，14比赛。

第5天——15，16比赛。

第6天——17，18，19比赛。

附加的冠亚军赛——如果需要，进行20比赛。8个队的名次确定：

冠军——19(或20)比赛的胜队。

亚军——19(或20)比赛的负队。

## 表 4.7　8 个队比赛编排表

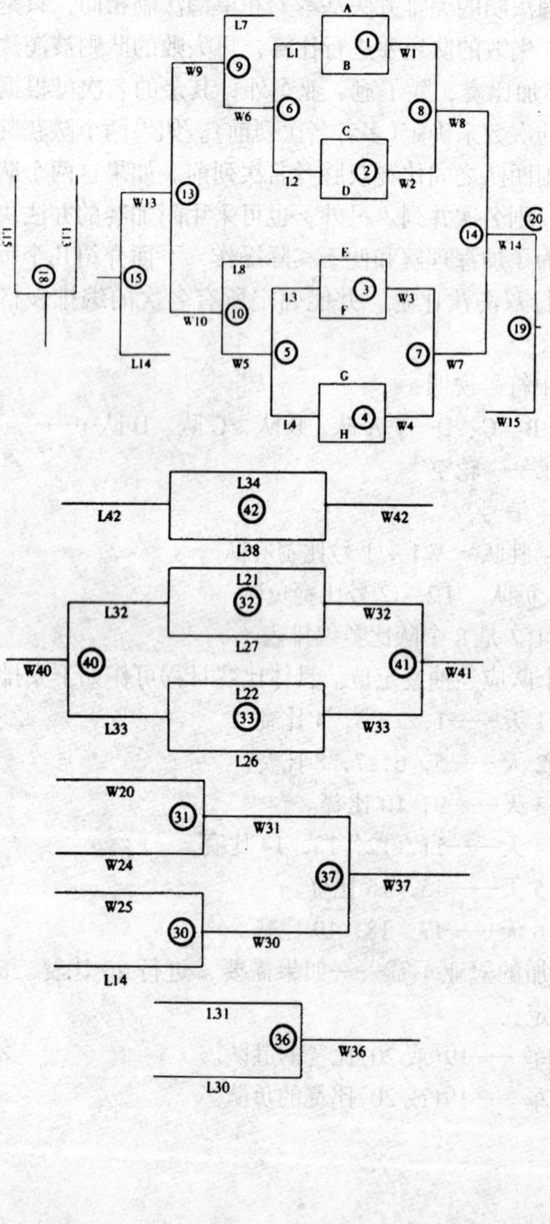

第 3 名——18 比赛的胜队。
第 4 名——18 比赛的负队。
第 5 名——17 比赛的胜队。
第 6 名——17 比赛的负队。
第 7 名——16 比赛的胜队。
第 8 名——16 比赛的负队。

12 个队比赛的编排如下：

表 4.8 是 12 个队比赛编排表

**表 4.8　12 个队比赛编排表**

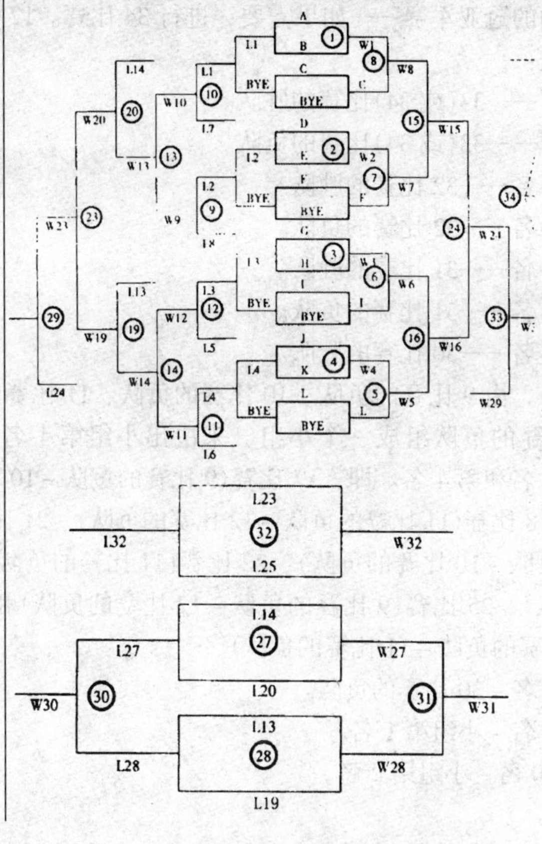

12 个队应经抽签定位。具体比赛日程可作如下安排：

第 1 天——1，2，3，4 比赛。

第 2 天——5，6，7，8 比赛。

第 3 天——9，10，11，12 比赛。

第 4 天——13，14，15，16 比赛。

第 5 天——17，18，19，20 比赛。

第 6 天——21，22，23，24 比赛。

第 7 天——25，26，27，28，29 比赛。

第 8 天——30，31，32，33 比赛。

附加的冠亚军赛——如果需要，进行 34 比赛。12 个队的名次确定：

冠军——33(或 34)比赛的胜队。

亚军——33(或 34)比赛的负队。

第 3 名——32 比赛的胜队。

第 4 名——32 比赛的负队。

第 5 名——31 比赛的胜队。

第 6 名——31 比赛的负队。

第 7 名——30 比赛的胜队。

此外，由 9 比赛的负队、10 比赛的负队、11 比赛的负队和 12 比赛的负队组成一个小组，来决出小组第 1 名、第 2 名、第 3 名和第 4 名。即：17 比赛(9 比赛的负队 - 10 比赛的负队)、18 比赛(11 比赛的负队 - 12 比赛的负队)、21 比赛(12 比赛的负队 - 10 比赛的负队)、22 比赛(11 比赛的负队 - 9 比赛的负队)、25 比赛(9 比赛的负队 - 12 比赛的负队)和 26 比赛(10 比赛的负队 - 11 比赛的负队)。

第 8 名 - 30 比赛的负队。

第 9 名 - 小组第 1 名。

第 10 名 - 小组第 2 名。

第 11 名 – 小组第 3 名。

第 12 名 – 小组第 4 名。

15 个队比赛的编排(表 4. 9)

表 4. 9 是 15 个队比赛编排表

表 4. 9　15 个队比赛编排表

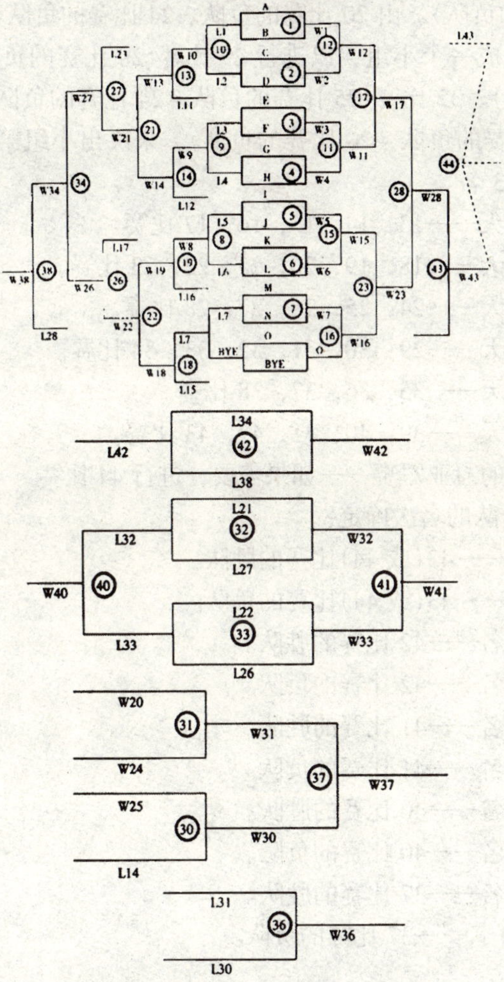

15 个队应经抽签定位。具体比赛日程可作如下安排：

第 1 天——1，2，3，4，5，6 比赛。

第 2 天——7，8，9，10，11，12 比赛。

另有，20 比赛(8 比赛的负队 - 13 比赛的负队)、24 比赛(9 比赛的负队 - 18 比赛的负队)和 25 比赛(10 比赛的负队 - 19 比赛的负队)。由 20 比赛的负队、24 比赛的负队和 25 比赛的负队组成一个小组，以进行 29 比赛(20 比赛的负队 - 25 比赛的负队)、35 比赛(25 比赛的负队 - 24 比赛的负队)和 39 比赛(24 比赛的负队 - 20 比赛的负队)，来决出小组第 1 名、第 2 名和第 3 名。

第 3 天——13，14，15，16，17 比赛。

第 4 天——18，19，20，21，22，23 比赛。

第 5 天——24，25，26，27，28 比赛。

第 6 天——29，30，31，32，33，34 比赛。

第 7 天——35，36，37，38 比赛。

第 8 天——39，40，41，42，43 比赛。

附加的冠亚军赛——如果需要，进行 44 比赛。

15 个队的名次确定：

冠军——43(或 44)比赛的胜队。

亚军——43(或 44)比赛的负队。

第 3 名——42 比赛的胜队。

第 4 名——42 比赛的负队。

第 5 名——41 比赛的胜队。

第 6 名——41 比赛的负队。

第 7 名——40 比赛的胜队。

第 8 名——40 比赛的负队。

第 9 名——37 比赛的胜队。

第 10 名——37 比赛的负队。

第 11 名——36 比赛的胜队。

第 12 名——36 比赛的负队。

第 13 名——小组第 1 名。

第 14 名——小组第 2 名。

第 15 名——小组第 3 名。

## 4.3 混合制

前面已经提及，每种竞赛制度(方法)都有其自身的优缺点，如果将其混合起来使用，就会扬长避短，相辅相成，取得较好的效果。混合制就是在同一竞赛中分阶段采用循环制和淘汰制的竞赛方法。

混合制，可以先在第一阶段预赛中采用分组循环制，第二阶段决赛中采用淘汰制；或者相反，在第一阶段预赛中采用淘汰制，在第二阶段决赛中采用循环制。任何一种赛制或方法的优缺点都不是绝对的，如其符合竞赛的目的、性质、队数、时间、场地等需要，就是相对正确和先进的。

若从正式的重大的篮球竞赛来看，采用混合制的居多。如 1997 ~ 1998 希尔顿中国男子篮球甲 A 联赛，就是在第一阶段预赛中采用主客场制进行双循环比赛，按积分排列出 12 个队的全部名次。第二阶段决赛中，是将预赛的前 8 名进行主客场制的交叉淘汰制。取得获胜场次后不再比赛，1/4 决赛和半决赛的负队不再进行比赛。预赛 9 ~ 12 名的队进行双循环主客场比赛，重新决出名次。具体安排如表 4. 10 所示。

**表 4.10　前 8 名队的交叉淘汰赛**

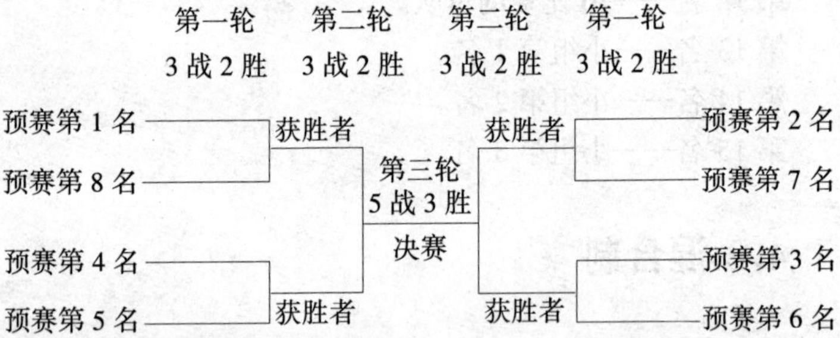


决定名次的办法：决赛的胜队为第 1 名，负队第 2 名。半决赛的两个负队预赛名次列前的队为第 3 名，列后的队为第 4 名。1/4 决赛的负队(即 5、6、7、8 各队)，预赛名次列前的队名次列前。9 ~ 12 各队的名次按决赛的成绩排名。再如 1996 年在美国亚特兰大举行的第 26 届奥运会男子篮球比赛，第一阶段预赛中采用分两个小组进行单循环比赛，第二阶段采用交叉赛，如表 4.11 所示。

具体做法是：1/4 决赛，由 A 组的前 4 名队与 B 组的前 4 名队打交叉赛，胜队进入半决赛。

预赛时间：1996 年 7 月 20 日 ~8 月 4 日，地点：亚特兰大 1/4 决赛。

半决赛：美国 – 澳大利亚(101: 73)；南斯拉夫 – 立陶宛(66: 58)。

5 ~ 8 名交叉赛：巴西 – 克罗地亚(80: 74)；中国 – 希腊(75: 115)。

决 3、4 名：澳大利亚 – 立陶宛(74: 80)。

决 5、6 名：巴西 – 希腊(72: 91)。

决冠亚军：美国 – 南斯拉夫(95: 69)。

决 7、8 名：克罗地亚 – 中国(99: 85)。

**表 4.11　第 26 届奥运会男篮比赛积分表**

预赛时间：1996 年 7 月 20 日～8 月 4 日　　地点：亚特兰大 1/4 决赛

| A | 美国 | 克罗地亚 | 立陶宛 | 阿根廷 | 中国 | 安哥拉 | 积分 |
| --- | --- | --- | --- | --- | --- | --- | --- |
| 美国 | | 102: 71<br>2 | 104: 82<br>2 | 96: 68<br>2 | 133: 70<br>2 | 87: 54<br>2 | 10 |
| 克罗地亚 | 71: 102<br>1 | | 81: 83<br>1 | 90: 75<br>2 | 109: 78<br>2 | 71: 78<br>2 | 8 |
| 立陶宛 | 82: 104<br>1 | 83: 81<br>2 | | 61: 65<br>1 | 116: 55<br>2 | 85: 49<br>2 | 8 |
| 阿根廷 | 68: 96<br>1 | 75: 90<br>1 | 65: 61<br>2 | | 77: 87<br>1 | 66: 62<br>2 | 7 |
| 中国 | 70: 133<br>1 | 78: 109<br>1 | 55: 116<br>1 | 87: 77<br>2 | | 70: 67<br>2 | 7 |
| 安哥拉 | 54: 87<br>1 | 48: 71<br>1 | 49: 85<br>1 | 62: 66<br>1 | 67: 70<br>1 | | 5 |

| B | 南斯拉夫 | 波多黎各 | 希腊 | 澳大利亚 | 巴西 | 韩国 | 积分 |
| --- | --- | --- | --- | --- | --- | --- | --- |
| 南斯拉夫 | | 97: 86<br>2 | 71: 63<br>2 | 91: 68<br>2 | 101: 82<br>2 | 118: 65<br>2 | 10 |
| 波多黎各 | 86: 97<br>1 | | 69: 80<br>1 | 96: 101<br>1 | 98: 101<br>1 | 98: 86<br>2 | 6 |
| 希腊 | 63: 71<br>1 | 80: 69<br>2 | | 62: 103<br>1 | 89: 87<br>2 | 108: 86<br>2 | 8 |
| 澳大利亚 | 68: 91<br>1 | 101: 96<br>2 | 103: 62<br>2 | | 109: 101<br>2 | 111: 88<br>2 | 9 |
| 巴西 | 82: 101<br>1 | 101: 98<br>2 | 87: 89<br>1 | 101: 109<br>1 | | 127: 97<br>2 | 7 |
| 韩国 | 65: 118<br>1 | 86: 98<br>1 | 86: 108<br>1 | 88: 111<br>1 | 97: 127<br>1 | | 5 |

9～12 名交叉赛：阿根廷－韩国(97∶79)；波多黎各－安哥拉(76∶67)。

决 9、10 名：波多黎各－阿根廷(77∶87)。

决 11、12 名：韩国－安哥拉(61∶99)。

半决赛，由 A 组两个队与 B 组两个队打交叉赛，胜队进入决赛，争夺冠亚军，负队决 3、4 名。1/4 决赛的负队打交叉赛，胜队决 5、6 名，负队决 7、8 名。其余名次也采用交叉赛的办法决出。

# 技术篇

# 5　篮球基本技术

## 5.1 攻守技术

学习打篮球，首先要学会篮球场上专门的脚步移动。怎样才能在球场上跑得快、停得稳呢？这要学好一种能随时启动又不感觉很累的基本站立姿势。

(1)基本站立姿势

站立时，两脚自然开立，脚跟稍虚，屈膝降低重心，上体稍前倾，手臂自然放于体侧，肘微弯，两眼平视，随时准备向各个方向启动，如图 5.1 所示。

图 5.1

若原地持球，基本站立姿势是：保持上述姿势，持球于胸腹之间，并做好传、运、投的准备，如图 5.2 所示。

图 5.2

(2)防守势站立姿势

防守时，基本站立姿势可用前后步或平行步站立。前后步防守时，前脚同侧的手臂伸向前方，另一手臂向另一侧伸出，如图 5.3 所示。

图 5.3

平步防守时，身体正对对手，两臂左右张开或随球挥动以干扰对方投篮和传球，如图 5.4 所示。

图 5.4

(3)跨步急停时站立姿势

跨步急停接球时，第一步脚落地同时接球，然后保持基本持球姿势，如图 5.5 所示。

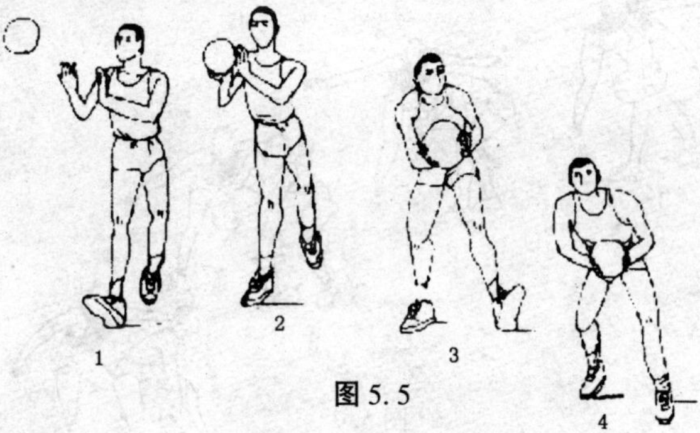


图 5.5

(4)转身

通过转身可以摆脱防守队员，获得传、运、投的机会，也能在掩护和抢篮板时抢占有利位置。一脚向中枢脚脚尖方向跨出的步法叫“前转身”。背向防守队员持球时，可用前转身衔接下一个进攻动作，如图 5.6 所示。

图 5.6

一脚向中枢脚脚跟方向跨出的步法叫“后转身”，利用后转身摆脱防守队员时必须紧贴防守队员，以便转身后获得有利位置。转身时，要用中枢脚的前脚掌转动，如图 5.7 所示。

图 5.7

(5)跨步

跨步是一种起始步法，也是原地做假动作引诱防守队员失去防守位置和重心的一种步法。向移动脚异侧前方跨出的步法为交叉跨步(图 5.8)，向移动脚同侧前方跨出的步法为同侧跨步(图 5.9)。

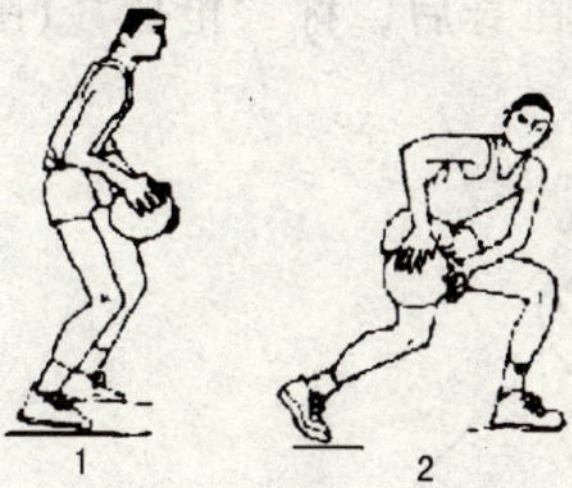


图 5.8

图 5.9

(6)摆脱、切入、抢位

队员要获得良好的进攻战机，必须在移动前做迷惑对手的动作，使对手在短时间内不能识破自己的进攻意图而失去防守能力。进攻队员运用脚步移动或上体虚晃离开防守队员，称“摆脱”，也叫假动作(图 5. 10)。

图 5. 10

进攻队员利用脚步移动超越防守队员并插入到篮下，称“切入”(图 5. 11)。

图 5. 11

进攻队员用身体把防守队员贴在身后，称“抢位”(图5.12)。

图 5.12

(7)滑步

这是防守队员的主要移动步法，有侧滑步、侧前滑步和侧后滑步之分。以侧滑步为例，动作要领为：向左侧滑步时，左脚向左侧跨出一步，同时右脚前掌内侧用力蹬地贴着地面滑动,跟随左脚移动。侧前滑步、侧后滑步与侧滑步动作相仿,方向不同。一对一防守时,防守队员常用这三种滑步(图 5.13)。

图 5.13

(8)后撤步

这是前脚变后脚的步法(图 5.14)。

图 5. 14

当进攻队员准备从防守队员前脚一侧突破时，防守队员可以用此步法迅速撤回前脚进行堵截(图 5. 15)。

图 5. 15

(9)交叉步

由攻转守寻找对手或防守队员失去防守位置时，可以用交叉步迅速追随对方，再过渡到滑步继续防住对手。其动作要领是：向左侧交叉步时，右脚用力蹬地，迅速从左脚侧前方迈出，上体稍左传，右脚落地的同时左脚向左跨步，依次两脚交叉快跑(图 5. 16)。

图 5.16

## 5.2 传、接球

传、接球是实现战术组织配合的纽带，它能把 5 名队员连成一个整体，充分发挥集体力量，体现篮球运动特点。巧妙准确地传球，能大乱对方防御部署，创造更多、更好地投篮机会；稳定牢靠合理的接球，能弥补传球的不足，从而协调连贯地完成传球、突破、投篮等动作。

### 5.2.1 传球

传球由持球和传球两个动作组成，双手持球是最基本的持球方法。持球时，双手自然分开，拇指相对成“八”字阵，用拇指根部以上部位握住球的两侧后方(图 5.17)。

传球时全身协调用力，最后通过伸臂、抖腕和手指用力拨球将球传出，使球后旋。常用传球方法有双手胸前传球、双手低手传球、双手头上传球、单手肩上传球、单手胸前传球和单手体侧传球。

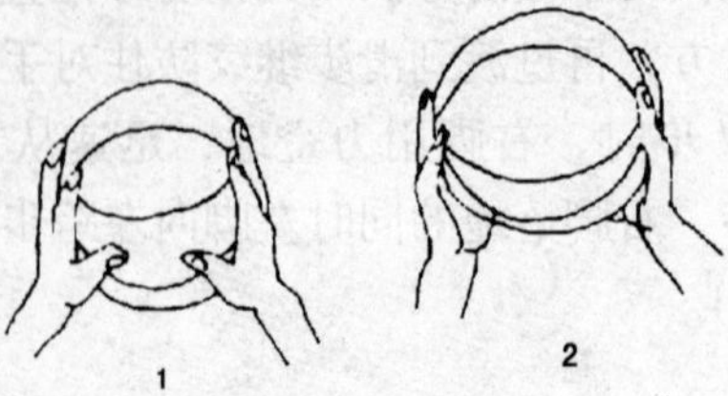

图 5.17

(1)双手胸前传球

可以用于各种距离、各个方向的传球。传球时，下肢发力，身体前移，前臂迅速向传球方向伸直，手腕翻转抖腕，同时拇指用力下压，食、中指用力弹拨将球传出。出球后手心、拇指向下，其余四指向前(图 5. 18)。

图 5. 18

有时也可以用双手反弹传球，动作方法和双手胸前传球相似，但要掌握好传球的击地点。击地点一般应在两队员之间距离距接球人三分之一处，若防守队员离传球队员稍远，可在防守队员脚侧击地反弹(图 5. 19)。

图 5. 19

(2)双手(或单手)低手传球。近距离地隐蔽传球，用于两进攻队员擦身而过时。传球时，持球于腹前或腰侧，出球时手腕翻转，手指轻轻一挑而出(图 5.20)。

图 5.20

(3)双手头上传球

出手点高，传球时，双手举球于头上，两肘和手心向前，出球时前臂前摆，在手腕前扣外翻的同时，拇指、食指、中指用力拨球，将球传出(图 5.21)。此动作常用于抢获篮板后的快攻一传或者外线队员的传中球(图 5.22)。

图 5.21

图 5.22

(4)单手肩上传球

常用于抢得篮板后长传快攻。右手传球时，持球手五指自然张开，左脚向传球方向迈出，同时引球于右肩上方。出球时，下肢发力转腰、转肩，前臂前摆，并迅速向前扣腕带动食指、中指和无名指用力将球传出(图5.23)。

图5.23

(5)单手胸前传球

多用于传球队员与防守队员距离很近的情况下。传球时突然用单手胸前传球,从防守队员的头顶、耳旁传出(图5.24)。

图5.24

(6)单手体侧传球

一种近距离的隐蔽性的传球方法。多用于向内线队员传球或防守队员手臂侧上举时。传球时，右手引球到身体右侧并向前做弧线摆动，拇指向上，手心向前，手腕前屈，食指、中指用力拨球将球传出(图5.25)。

图5.25

为了使球越过防守队员，传球前应用摆动球、瞄篮、跨步等假动作，诱使防守队员位置移动，达到巧妙传球的目的。

### 5.2.2 接球

接好球是传球的保证。接球时眼睛要注视来球，手臂迎球伸出，手指自然分开，当手指触球后，手臂屈肘后引，缓冲来球的力量，两手握球，保持身体平衡。

常用的接球方法有双手接胸部高度的球、双手接头部高度的球、双手接反弹球和单手接球等。

(1)双手接胸部高度的球。这是最基本的接球方法，它握球牢固、稳定，易于转换成其他技术动作。接球时，伸手迎球，指端触球，双手迅速后引，握球于胸腹之间(图5.26)。

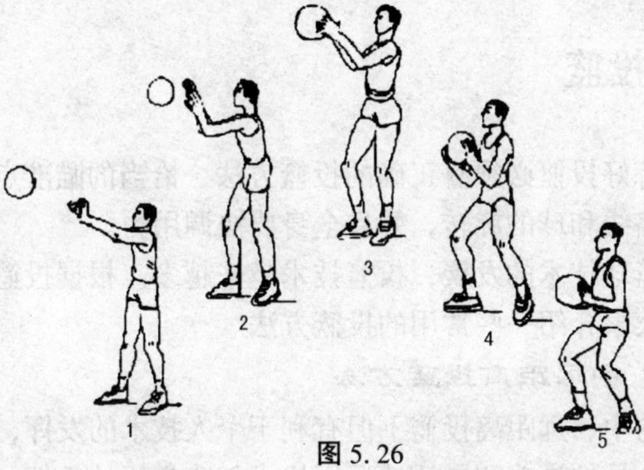

图 5.26

(2)双手接头部高度的球。动作方法与双手接胸前高度的球相同，只是伸臂接球时，双手伸向前上方。

(3)双手接反弹球。要迎球跨步，两臂向前下方伸出接球(图 5.27)。

图 5.27

(4)单手接球。单手接球控制的范围广，能接不同方向的球，有利于队员快速、灵活地发挥技术。接球时，眼睛注视来球，单手迎球伸出，手掌成勺型，当指端触球时，手臂顺势将球向后下方引，另一手立即协助握球，保持身体平衡。

## 5.3 投篮

要想练好投篮必须有正确的投篮方法、恰当的瞄准点、合适的飞行路线和球的旋转，并且全身要协调用力。

随着篮球技术的发展，投篮技术越来越多。根据投篮距离的远近给大家介绍一些常用的投篮方法。

### 5.3.1 中远距离投篮方法

准确的中、远距离投篮不但有利于个人技术的发挥，也为篮下内线队员的进攻和灵活地运用战术创造良好的条件。原地单手肩上投篮、跳起单手肩上投篮、原地双手胸前投篮、跳起投篮、跑投等，都是中远距离投篮的时候运用比较多的投篮方法。

(1)原地单手肩上投篮

这是比赛中应用最广泛的投篮方法，是行进间单手肩上投篮、跳起单手肩上投篮的基础。右手投篮，使右手五指自然分开，手心空出，屈肘持球于右肩上，左手扶住球的左侧，两脚开立，右脚稍前，重心落在两脚上。投篮出手时，下肢蹬地发力，右臂抬肘伸臂，手腕前屈，食指、中指用力拨球，使球后旋转，身体随投篮动作向前上方伸展，脚跟微提(图 5.28)。

图 5.28

(2)原地双手胸前投篮

多用于远距离投篮，女子运动员运用较普遍。投篮时，双手持球于胸前(可高一些)，肘关节自然下垂，两膝微屈，上体稍前倾。投篮出手时，下肢发力，腰腹伸展，两臂上伸，拇指向前压送，两手腕同时外翻，用拇指、食指、中指拨球将球投出(图5.29)。

图5.29

(3)原地跳起单手肩上投篮

出手点高，稳定性好，突然性强，较难以防守，是当今篮球比赛中的主要得分手段，男女运动员普遍运用。右手投篮时，双手持球呈基本站立姿势，起跳时，下肢用力蹬地垂直向上跳起，同时举球于右肩上方(尽可能高一些，可避免封盖)。当身体达到最高点时，左手离球，右臂抬肘伸臂，手腕前屈，食指、中指用力拨球通过指端投出，落地时两脚前脚掌着地，屈膝缓冲(图5.30)。

图 5.30

(4)急停跳起投篮

进攻队员在行进间运用突然急停，摆脱防守队员后投篮的方法，分为接球急停跳投和运球急停跳投两种。

接球急停跳投是在快速移动中，用跨步或跳步急停接球，并及时起跳投篮(图 5.31)。

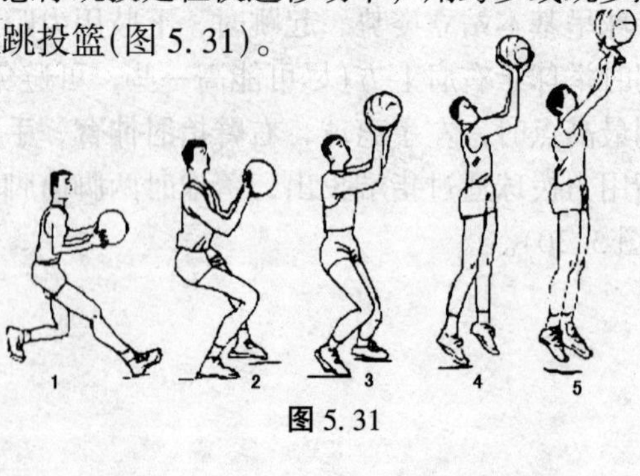

图 5.31

运球急停跳投是突破结合跳投的重要方式。

当进攻队员背向或侧向球篮持球站立时，可以一脚做中枢脚，转身跳起投篮(图 5. 32)。

图 5. 32

## 5. 3. 2 近距离投篮方法

近距离投篮包括行进间投篮和篮下投篮。由于篮下防守严密，投篮时经常会与对手发生身体接触，因此篮下投篮应出手快、出手点高,或运用脚步移动、运球等调整位置,避开对手。

行进间投篮一般多在进攻或切入篮下时运用，有行进间单手高手投篮、行进间单手低手投篮、行进间反手投篮和行进间勾手投篮等方法，他们都有一个共同点，就是向前跨第一步接球，跨第二步跳起投篮。但根据不同动作方法，他们的跨步有快慢和方向的变化。

(1)行进间单手高手投篮

这种投篮可在篮下和中距离(跑投)运用。右手投篮时，右脚跨出一大步接球，左脚跨出一小步并用力蹬地起跳，举球于头上，左手离开球，右手腕后翻托球，当身体接近最高点时，右臂向前上方伸直，手腕前屈，食指、中指用力拨球投篮(图 5. 33)。

图 5.33

(2)行进间低手投篮

这是切入篮下时运用较广泛的投篮方法，具有速度快，伸展距离长的优势。右手投篮时，步伐同上，起跳后右手托球下部，手心向上，指尖向前，手臂充分向球篮方向伸直，接着屈腕，食指、中指、无名指向上拨球，碰板或空心投篮(图 5.34)。

图 5.34

(3)行进间反手投篮

当进攻队员沿底线突破到篮下，已经处于篮圈下面，可以运用反手投篮。在最后一步起跳时，上体向后仰，抬头看篮，手掌向上，持球前部下方，当球到达最高点时，手腕沿着小指方向转动拨球，使球旋转碰板入篮(图 5.35)。

图 5.35

(4)行进间勾手投篮

当进攻队员空切或运球突破到篮下，并与防守队员处于平行位置时，可用勾手投篮。这种投篮方法可以用身体保护球，使球远离对手，不易被盖帽。右手勾手投篮时，左臂屈肘保护球，左肩侧对球篮，投篮手持球由胸前经体侧向右肩上方划弧举球，当球举至最高点时屈腕，手指拨球，使球旋转碰板入篮，亦可以空心入篮。出球时， 右腿上抬，膝部弯曲以保持身体平衡。篮下投篮都是在强对抗中进行的，因此，投篮时除了尽量伸直投篮手臂，提高出球点高度以外，还要学会做假动作，利用时间差和抢占空间投篮位置，如利用后撤步跳投、急停后仰跳投、转身跨步抢位跳投等(图 5.36)。

1　　2　　3

图 5.36

抢得前场篮板球后，如防守站位很好，持球队员可以用投篮的假动作引诱防守队员跳起，利用时间差跳投，也可以用右脚后撤躲开防守队员后跳起投篮(图 5.37)。

1　　2　　3

图 5.37

为了避开防守队员的封盖，可用运球急停后仰跳投，动作方法和急停跳投相似，只是起跳后身体稍向后仰，用腰腹肌肉控制身体平衡并及时投篮出手(图 5.38)。

图 5. 38

在篮下为了占据有利位置，一般采用转身跨步抢占位置跳投，进攻队员在篮的左侧背对篮持球时，右脚向篮下运球跨大步并迅速转身起跳投篮(图 5. 39)。

图 5. 39

## 5. 4 运球和突破

### 5. 4. 1 运球

运球是控制球、支配球、组织战术配合和突破对手的重要手段，也是大家喜爱练习的技术之一。要想熟练掌握运球技术，必须注意身体姿势、手型、手按拍球的动作和球的运行轨迹之间的协调，这样才能控制好球的反弹角度、高度和速度，做到得心应手。运球时，要减低重心，保持膝关节弯曲，上体稍前倾，抬头，五指自然分开，用手指和手根部按拍球和控制球，并随时用另一手臂、肩、躯干和腿保护球(图 5.40)。

图 5.40

在快速运球或离防守队员较远时，可以以肘关节为轴，前臂上下摆动，用手指、手腕来按拍球，运球高度在腰、膝之间。如离防守队员较近，则以肩关节为轴，上臂发力，手指、手腕和前臂迎送球，使球落点在身体后侧方，远离对手(图 5.41)。

图 5.41

(1)体前变向换手运球

运球队员与对手接近时，为了摆脱和超越对手，可以用体前变向换手运球。队员先用左手向对手右侧运球，当对手重心向右侧偏移时，突然改变运球方向，使球从自己身体左侧变向右侧，左脚迅速向右前方跨出，上体右转，以臂、腿保护球，右手迅速控制住球(图 5. 42)。

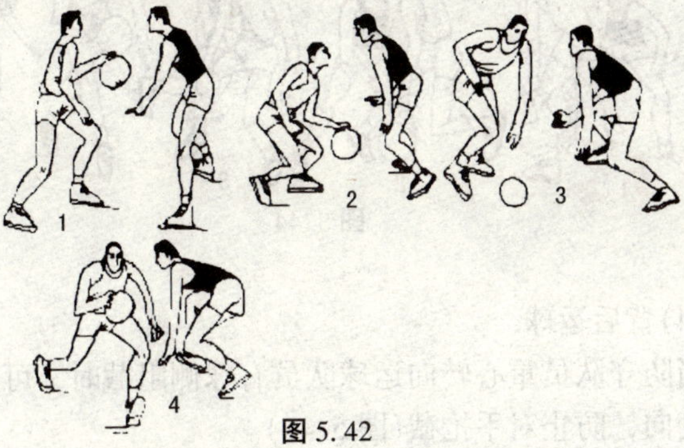

图 5. 42

(2)运球急起急停

当运球队员被对手盯得很紧，又不能快速超越时，可以用突然减速或急停运球，等防守队员也减速或犹豫时，再突然加速运球超越对手(图 5. 43)。

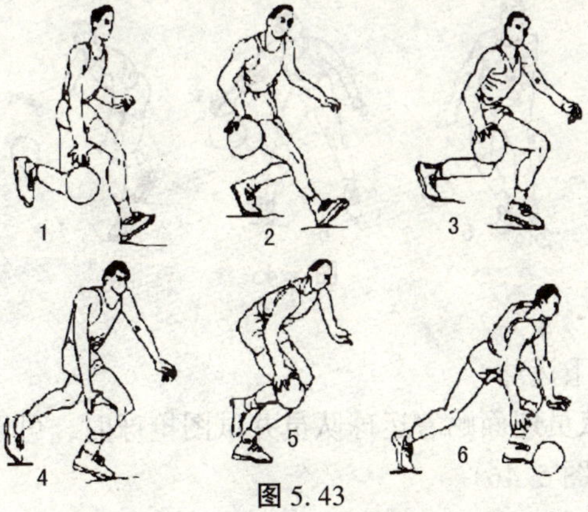

图 5. 43

(3)运球转身

当队员向对手某一侧运球被封堵时，且双方距离很近，无法用体前变向运球，可以用后转身运球(图 5. 44)。

图 5. 44

(4)背后运球

当防守队员重心转向运球队员有球侧阻截时，可以用背后运球变向，防止对手抢截(图 5. 45)。

图 5. 45

(5)跨下运球

防守队员迎面贴着运球队员并试图抢球时，可以用跨下运球保护球(图 5. 46)。

图 5.46

### 5.4.2 突破

突破是一种攻击性很强的技术，是完成个人进攻的主要手段。它是以运球和脚步动作为基础，由蹬、跨、侧身、探肩、推放球和加速等动作组成。运用时应结合投篮、传球、跨步等假动作，使之更具备攻击性和灵活性。

突破方式有：同侧步(顺步)、交叉步和转身突破几种。

(1)同侧步持球突破

以左脚为中枢脚为例。左脚内侧蹬地，右腿迅速向右前方跨出，同时上体右转探肩用右手推放球，左脚迅速前迈，超越对手(图 5.47)。

图 5.47

(2)交叉步持球突破

以左脚为中枢脚为例。先用假动作使防守队员重心左移，然后右脚内侧蹬地并向左侧前方迈出，上体左传探肩，左手推放球于右腿前侧，快速超越对手(图 5.48)。也可以左投篮假动作后持球突破(图 5.49)。

图 5.48

图 5.49

(3)转身突破

对手紧逼或背对篮接球时可以用转身突破对手，可分前转身持球突破和后转身持球突破两种(图 5.50)。

图 5.50

# 6　篮球基本战术

## 6.1 掩护配合

是指进攻者以合理的行动，用身体挡住同伴防守者的通路，为同伴摆脱防守，创造接球和投篮机会的一种配合方法。

### 6.1.1 掩护配合要求

(1)掩护配合要求同伴之间要相互默契，协同一致，掌握好配合行动的时间。

(2)掩护者要站立在同伴防守必经的路线上，距离该对手约半步距离(太近容易发生身体接触而导致犯规，太远不易成功)，两脚自然开立，两膝微屈，上体稍前倾，以扩大掩护面。

(3)借用掩护配合时做假动作来吸引自己的对手，待时机成熟，及时行动。

(4)进行掩护配合时，要观察防守者的位置和行动的意图。当对方交换防守时，掩护者及时转入掩护的第二动作，即利用所处的有利位置，转身切入篮下准备接球，或转入其他进攻行动。

掩护配合的方法：

示例一： 学生分两组，教师●站在④身前做防守，⑥跑侧后方给④做掩护，④先做向左跨步切入假动作，待⑥做好掩护后，及时向另一侧切入，⑥适时地后转身跟进。然后两人互换位置，轮流进行练习(图 6.1)。

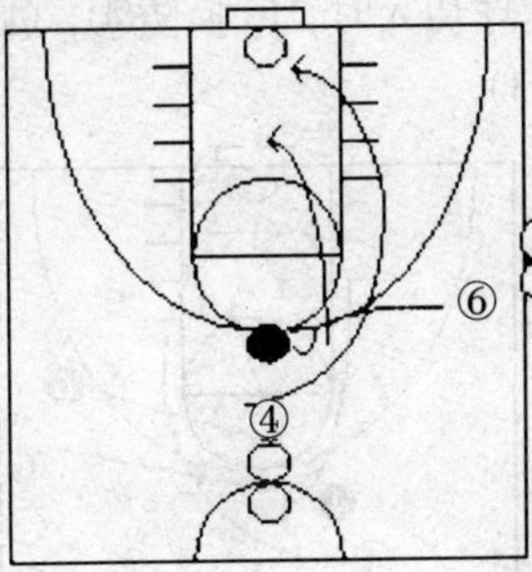


图 6.1

示例二：连续进行给持球者做掩护练习。两人一组一球，相距 6 米。④传球给⑤后去给⑤做掩护，⑤接球后先向右跨步切入假动作，当④掩护到位时，⑤应及时向另一侧斜前方运球切入，然后传球给做掩护后转身跟进的④，⑤去给④做掩护。如此交替进行练习至对面篮下投篮后，再返回。一组接着一组进行练习(图 6.2)。

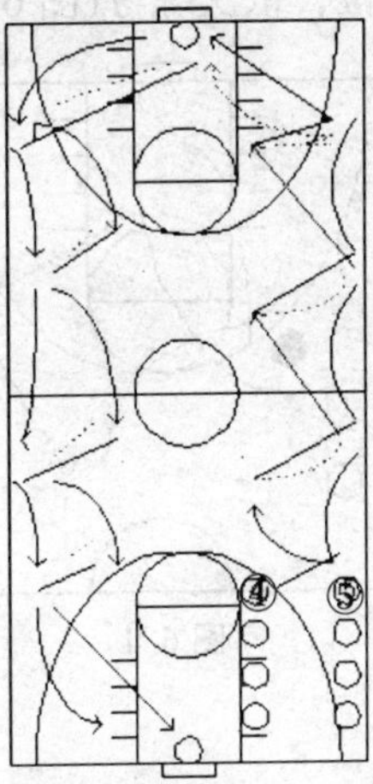


图 6.2

示例三：参加者分两组并设防守。⑥传球给④去给④做掩护，④利用掩护运球切入时，⑥换防④，④可将球传给转身跟进的⑥投篮(图 6.3)。

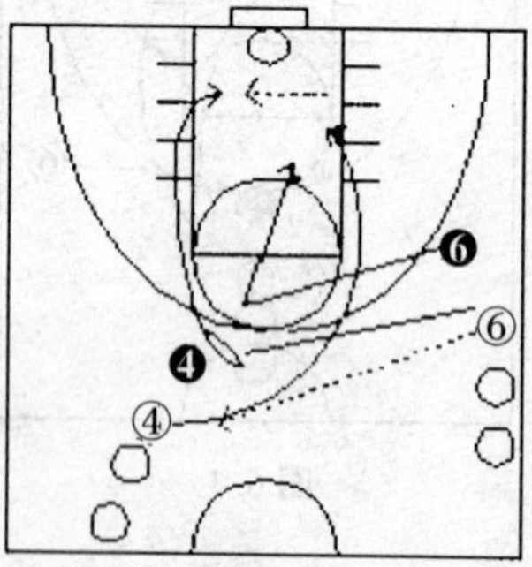


图 6.3

示例四：参加者分三组，站在④身前做防守，⑥传球给⑤后，去给④做掩护，④先向左前方下压，待⑥做好掩护时，突然变向加速向右切入接⑤的传球投篮，⑥及时转身跟进抢篮板球。按顺时针方向换位，依次练习(图 6.4)。

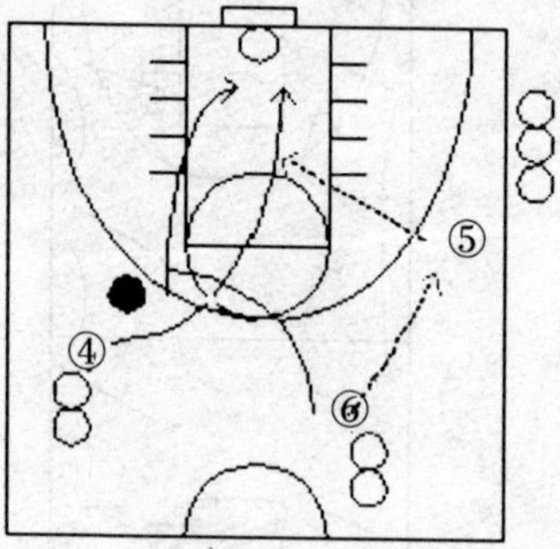


图 6.4

## 6.2 前掩护

掩护者站立在同伴的防守者身前所进行的掩护叫前掩护。

示例一：④传球给⑤后先向下压，然后突然绕到⑤的身前，⑤转身传球给④并给④做掩护，④可根据防守者的情况及时投篮或突破(图 6.5)。

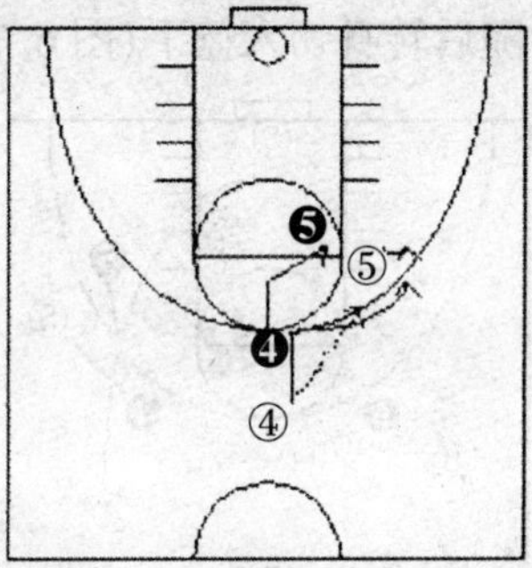

图 6.5

示例二：④和⑤重叠左侧，④利用⑤做前掩护接⑥的传球中投，如⑤绕前防守④时，⑤可及时转身切入篮下，④及时传球给⑤投篮(图 6.6)。

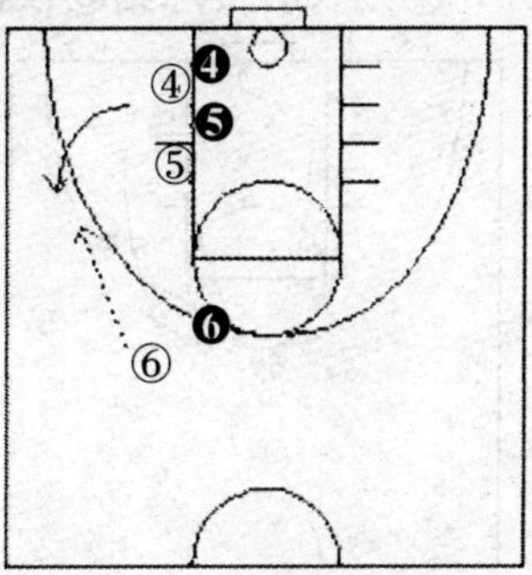

图 6.6

## 6.3 侧掩护

掩护者站在同伴的防守者侧面(稍偏后一些)进行掩护叫侧掩护。

示例一：⑤传球给④后跑到④的侧后方做掩护，④接球后先向左做突破假动作，然后突然从右侧贴着⑤的身体运球突破上篮，⑤掩护后随后转身切入篮下(图6.7)。

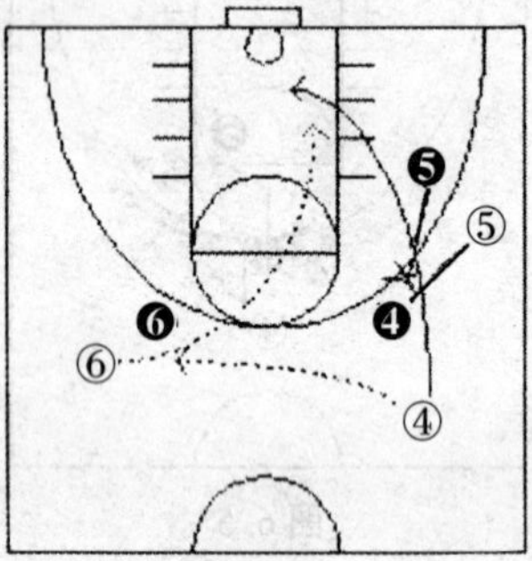


图6.7

示例二：当④借助⑤的掩护运球切入时，如遇到对方交换防守，⑤就转身拉开，④则及时传球给⑤投篮(图6.8)。

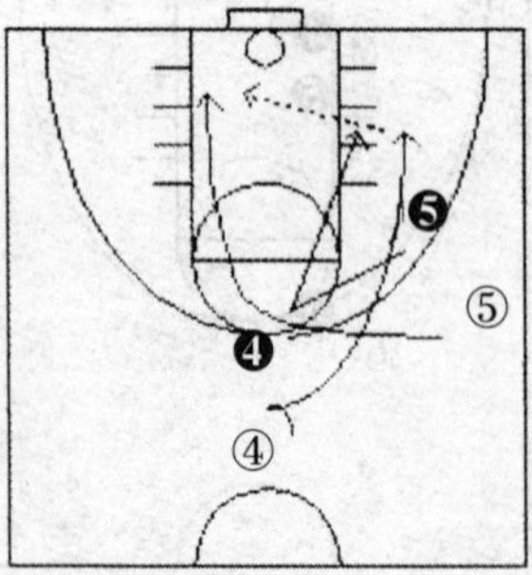


图6.8

示例三：这是给无球者去做侧掩护的配合。④传球给⑤后，跑向传球反方向防守者⑥侧后方给同伴⑥做侧掩护，这种掩护也称反掩护。⑥当④跑来时先向下压，靠近❻的位置，突然摆脱❻向右切入，接⑤的传球上篮。❹掩护后转身切入篮下，并准备接应⑤或⑥的传球上篮或抢篮板球(图 6.9)。

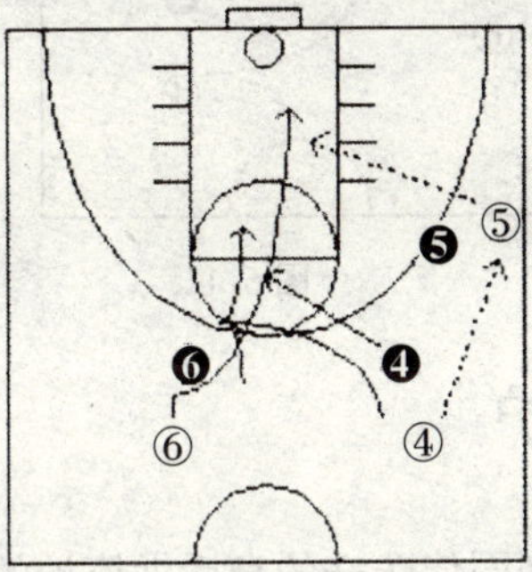

图 6.9

当对方进行交换防守时，④应及时转身面向球把⑥挡在身后，并快速切向篮下准备接⑤传来的球投篮(图 6.10)。

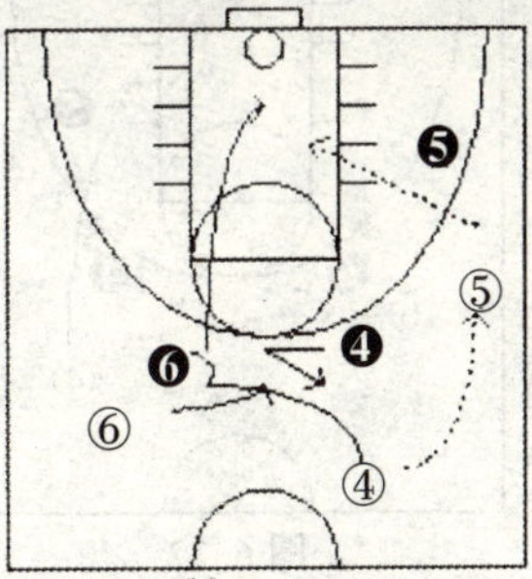

图 6.10

如果④传球给⑤后，去给⑥做掩护时，发现❹不跟随防守，④可突然向篮下切入，接⑤的球投篮(图 6.11)。

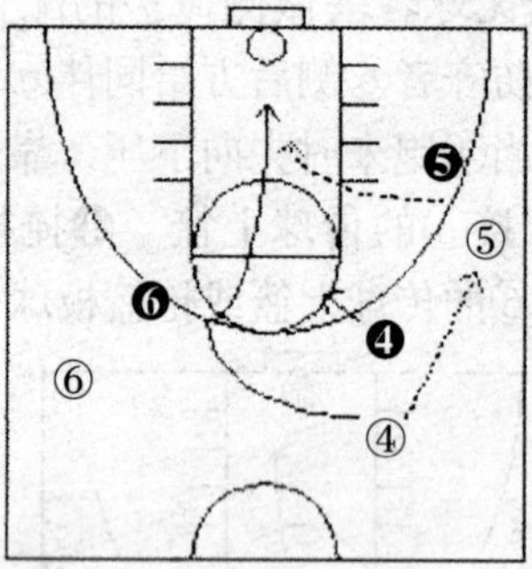

图 6.11

## 6.4 后掩护

是掩护者跑到同伴防守的身后做掩护的一种配合。

示例一：④传球给⑥时，⑤跑到罚球线右侧示意接球，实际是给④去做后掩护，④传球给⑥后，先向左跨步移动，然后突然向右变向，利用⑤的掩护切入篮下，接⑥的球投篮(图 6.12)。

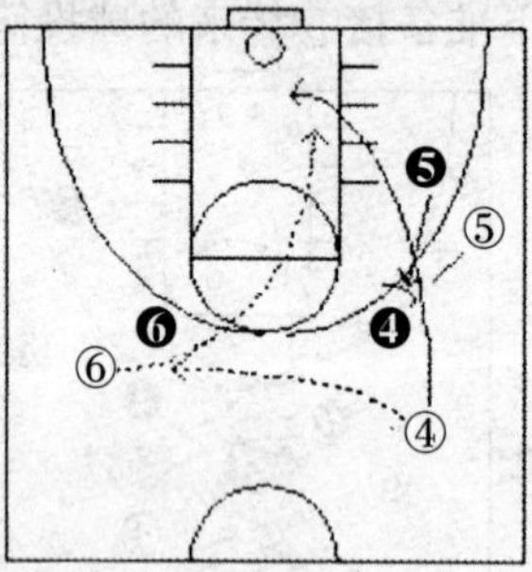

图 6.12

如果对方交换防守，或⑤去补防④(图 6.13)，掩护队员⑤应及时将④挡在外边，同时转身面向球准备接应⑥或④的球投篮。

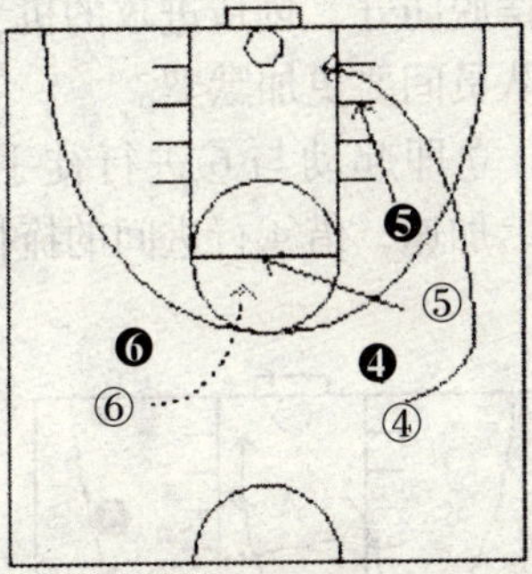


图 6. 13

后掩护练习

参加者分三组，④和⑥消极防守，④和⑤相互传球，⑥适时地去给⑤做后掩护，⑤利用⑥的掩护徒手摆脱防守，切入篮下接④的球投篮，或利用⑥的后掩护持球突破上篮。如果⑥换防⑤，则④或⑤将球传给掩护后转身面向球的⑥投篮。练习中数次交换位置和攻守任务(图 6. 14)。

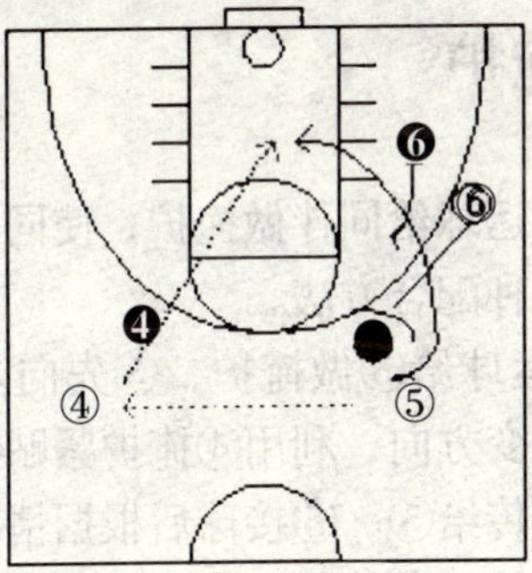


图 6. 14

## 6. 5 行进间掩护

是两个进攻者在跑动过程中向一点集中形成相互掩护，使防守者受阻，借以摆脱防守、创造进攻的机会。行进间掩护对时间的要求很强，队员间要更加默契。

④传球给⑤，立即起动与⑥进行徒手交叉。⑥见④起动，先向下压，突然加速，借④行进间的掩护切入，接⑤传球投篮(图 6.15)。

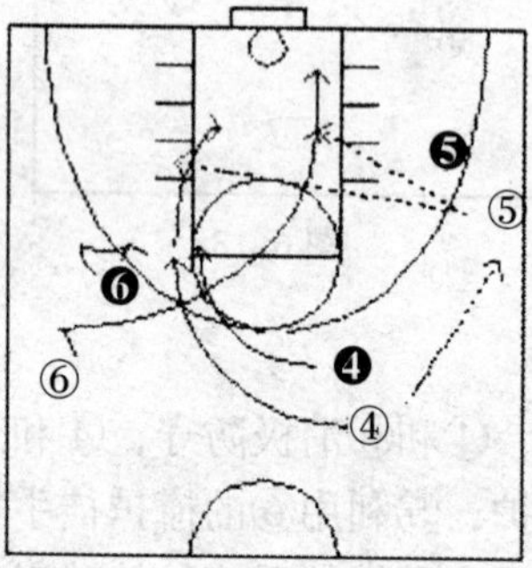


图 6.15

## 6.6 运球掩护

是掩护者利用运球给同伴做掩护，使同伴借以摆脱防守、创造进攻机会的一种配合方法。

示例一：④运球给⑤做掩护，⑤先向左下方压将④带入掩护位置，然后改变方向，利用④掩护紧贴④向右切入，同时④用低手传球把球传给⑤。⑤接球后根据情况做外围跳投，或运球突破到篮下投篮。④传球给⑤后及时转身将❺挡在外侧，准备抢篮板球或接下来接应⑤回传球(图 6.16)。

如果④和⑤交换防守，④应转身拉开，⑤可根据④防守情况，传球给④或强行上篮。

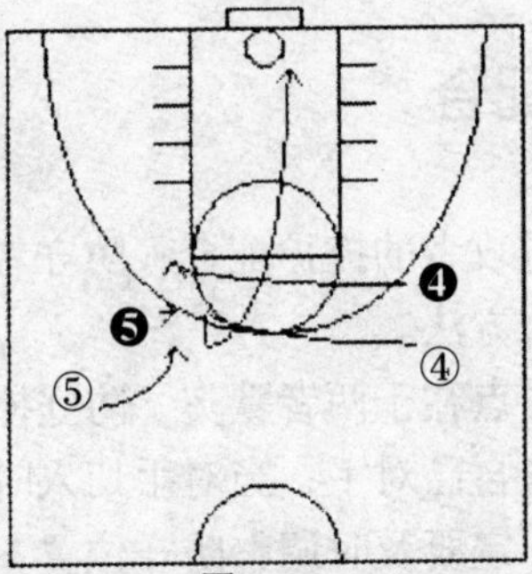


图 6.16

定位掩护　掩护者固定在有利的位置，同伴利用他做定位掩护，运用脚步移动诱使对手跟随移动，让定位同伴挡住对手的通路，从而使自己及时摆脱防守。

示例二：⑥占据篮下左侧，做定位掩护，当④与⑤传接时，⑦向里下压，把⑦带入掩护位置，然后根据⑦与⑥的位置交错，突然紧贴⑥的身体从底线或向⑥另一侧切入篮下接⑤的传球投篮(图 6.17)。

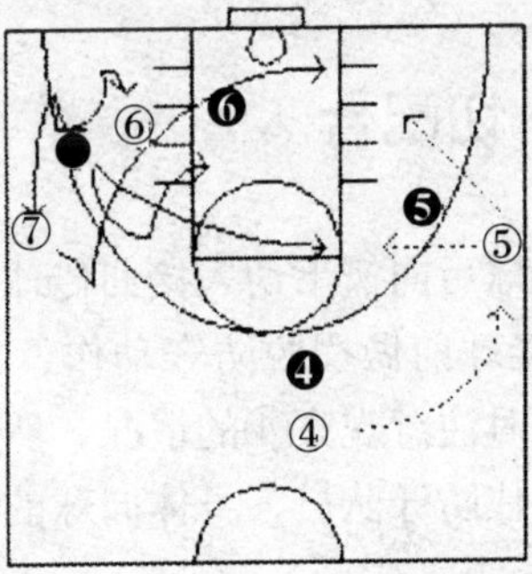


图 6.17

## 6.7 交换配合

是为了破坏进攻者的掩护配合，防守者之间及时交换自己所防守对手的配合方法。

交换配合的要点在于两者默契，防守掩护者的队员要及时通知同伴，并跟紧自己对手，当对手切入时，突然换防。防守被掩护者的队员一定要及时调整防守位置，抢占人篮之间或人球之间的有利位置，不让掩护者把自己挡在外侧(图 6.18)。

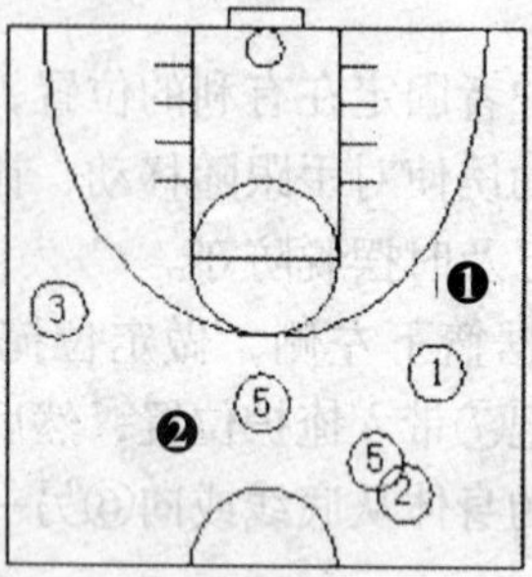


图 6.18

## 6.8 一传一切配合

是持球队员传球后向篮下切入接回传球投篮。

示例一：⑤接球前做摆脱防守动作，④传球给⑤后先向下压贴近对手，同时注意观察④的情况，然后突然向右切入，切入时利用左肩贴住防守队员，身体向球的方向侧转并准备接⑤回传球上篮(图 6.19)。

示例二：当④传球给⑤后，如❹抢先向传球方向移动，采取错位防守，堵截有球一侧的切入路线时，④可立即从❹的背后直线切入篮下接⑤传球上篮(图 6.20)。

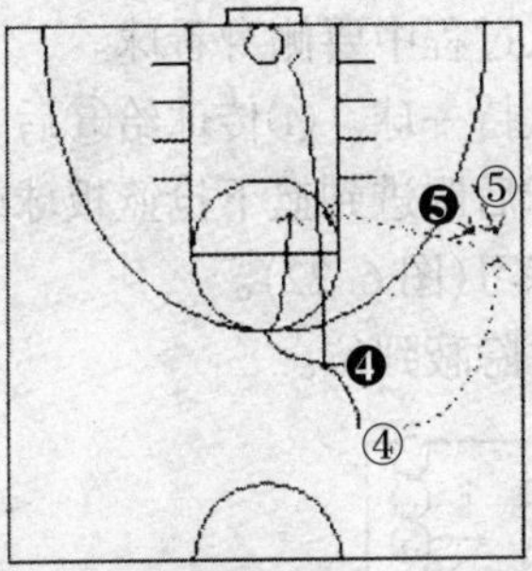


图 6.19

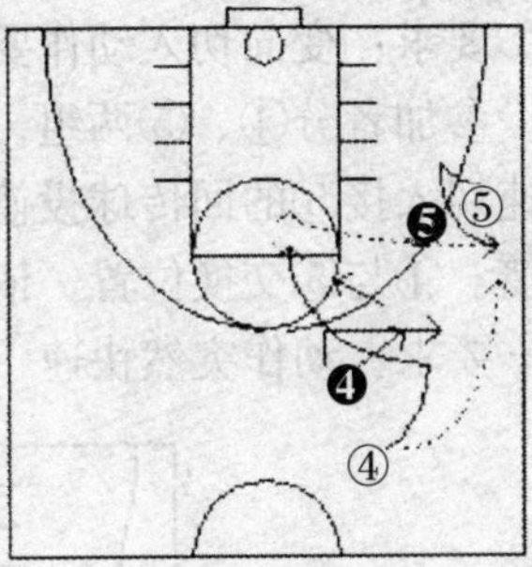


图 6.20

## 6.9 空切配合

就是无球的队员掌握时机，摆脱对手，切向防守空隙区域接球投篮或做其他进攻动作。

## 6.10 传切配合的练习方法

参加者分两组。④传球给⑤后做向左切入的假动作，然后变向从右侧切入，⑤接球后回传给⑥，并做向底下线切的假动作，然后变向从内侧横切。④切入后至⑤排尾，⑤至④排尾。依次进行练习(图 6.21)。

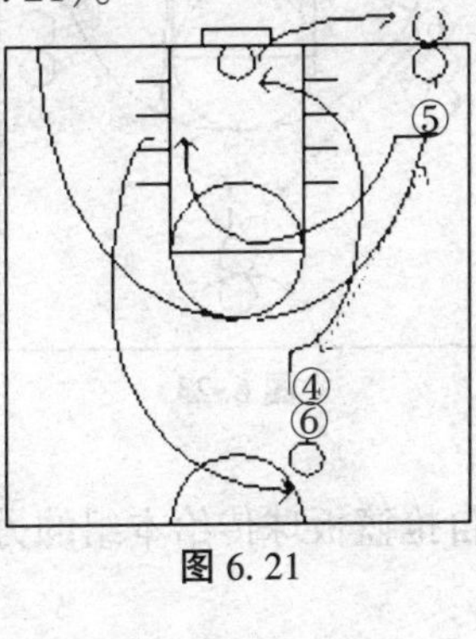


图 6.21

要求：变向切入动作要快，切入过程中要侧身看球。

参加者分④、⑤两组，④组每人持一球。④传球给⑤后，快速切入接⑤的回传球投篮。⑤传球后跟进到篮下抢篮板球或补篮。④与⑤交换位置，依次进行练习(图 6. 22)。

要求：动作突然快速，传球及时隐蔽到位。

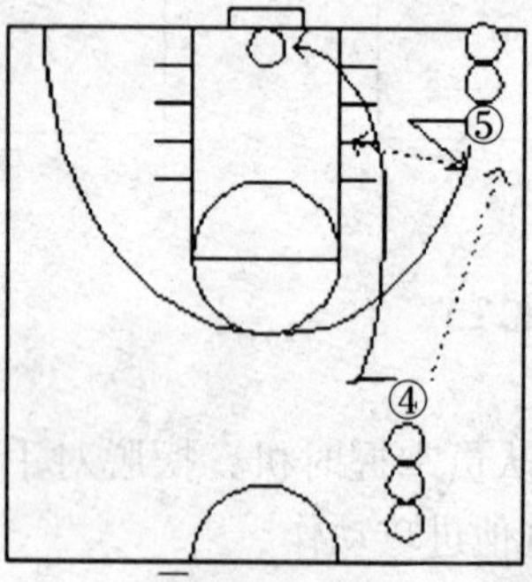


图 6. 22

参加者分三组，④与⑤各持一球，④传球给⑥后从右侧切入接⑤传球投篮。⑤传球给④后，横切接⑥传球投篮(图 6. 23)。

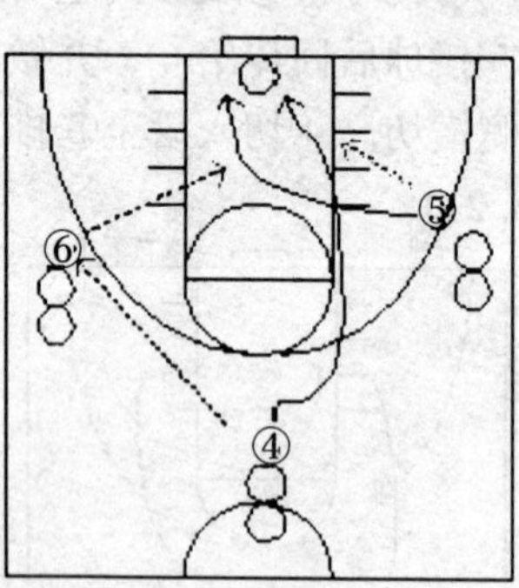


图 6. 23

④、⑤投篮后自抢篮板球传给本组的另一人。按逆时针方

向换位，连续进行练习。

## 6.11 突分配合的练习方法

突分配合

进攻者持球突破或运球突破对手后，遇到对方补防或“关门”时，及时将球传给空隙地带的同伴。这种在突破中区别情况，及时传球给无人防守同伴的配合叫突分配合。

突分配合的要点：

主要是同伴之间要有良好的配合默契，突破者在突破过程中要注意观察攻守队员的位置变化，既要做好投篮准备，又能在遇到对方补防时巧妙地分球给同伴投篮。

学生分两组。开始时④持球突破，在突破中跳起分球给向两侧移动的⑦，⑦在接球后示意投篮动作，然后传球给⑤，⑤接球后入底线或内侧突破，跳起传球给接应的⑧。位置交换④到⑦排尾，⑦到④排尾。练习一定次数后，改换从左边突破分球练习(图 6.24)。

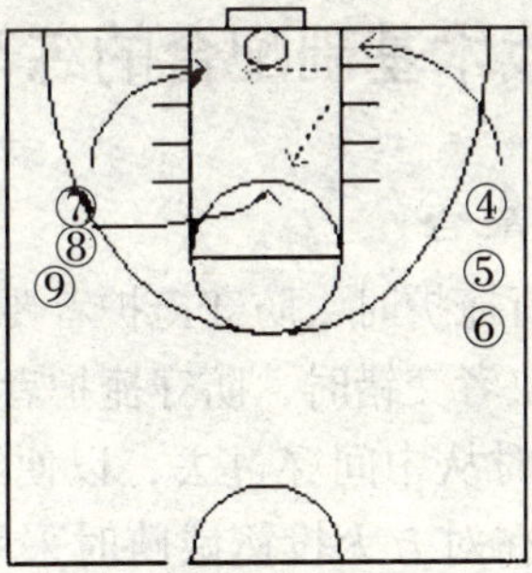


图 6.24

要求：突破要有速度，注意保护好球。接应分球的队员移动要及时。

(教师)持球运球，④、⑤为防守(消极防守)。④接传球后向篮下运球突破，当遇到⑤补防时，将球分给移向空位的⑤，⑤接球投篮。④、⑤抢篮板球回传给教师。位置按逆时针方向。若干次后可从左边突破分球(图 6. 25)。

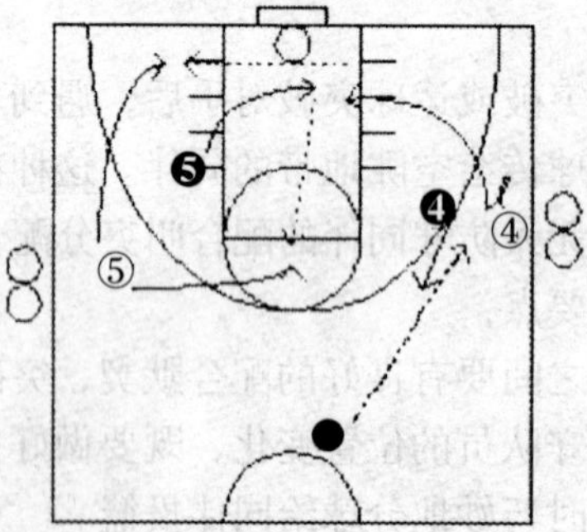


图 6. 25

要求：④接球前要做摆脱动作，突破时保护好球，⑤要及时突然移动至空隙地区接应。

## 6. 12 防守战术基础配合的练习方法

### 6. 12. 1 穿过配合

当进攻队员进行掩护时，防守掩护者要及时提醒同伴，当两个掩护配合的进攻者交错时，防守掩护者的队员要主动后撤一步，让同伴能及时从中间穿过去，以便继续防守自己的对手，这种配合一般在对方无投篮威胁时采用(图 6. 26)。⑤传球给⑥，④上来给⑤做掩护，⑤发现不便于挤过防守时，应后撤一步，并用滑步从④和❹中间穿过继续防守⑤，与此同时，④要主动后撤半步，以便⑤能顺利地穿过。

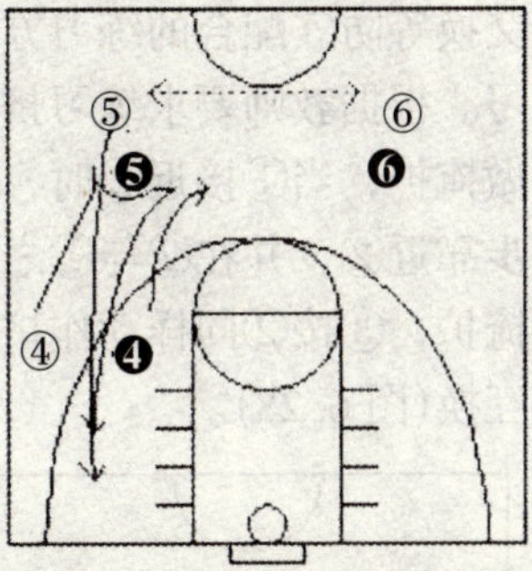


图 6.26

### 6.12.2 挤过配合

对方采用掩护进攻时，防守者为了破坏对方的掩护配合，当掩护者临近的一刹那，被掩护者的防守者主动靠近自己的对手，并从两个进攻者之间侧身挤过去，继续防住自己的对手。

当掩护者临近自己时，为了避免掩护成功，防守者应当及时侧身，运用碎步挤过继续防住自己的对手；④运球去给⑤做掩护，当④临近⑤时，防守的❺快速贴近⑤并从⑤与④之间侧身挤过，继续防守自己所防守的⑤(图 6.27)。

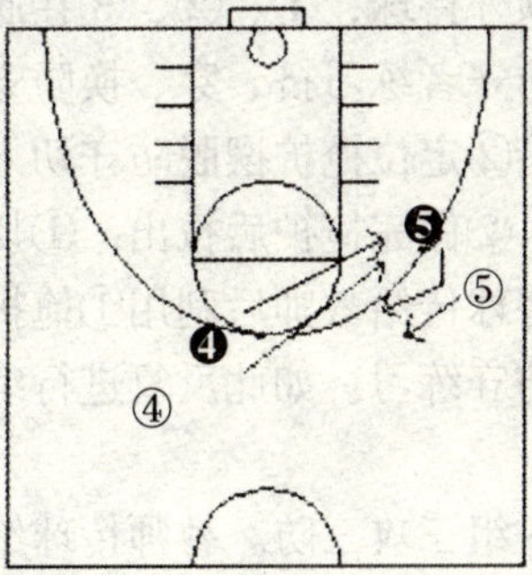


图 6.27

技术篇

挤过、穿过、交换等防守配合的练习方法

三对三徒手练习。根据教师要求练习挤过、穿过和交换防守配合。①去给②做掩护，当①接近②时，同时❷准备移动，❸要及时向前跨一步靠近②，并在②与①之间侧身挤过继续防守②。②去给③做掩护，③按②同样动作挤过。依次进行循环练习，然后攻、守互换(图 6. 28)。

图 6. 28

要求：防守过程中要扩大视野，当对方进行掩护时，要相互提醒，挤过要及时，快速。

(教师)在弧顶外持球，①、②、③在底线下轮流做定位掩护，①、②、③防守者练习挤、穿、换防守。当教师传球给③时，①立即起动借②定位掩护摆脱防守切入，④用挤过、穿过或交换防守练习。②做完掩护后拉出，①切入后到限制区左侧做定位掩护，③将球传给教师后利用①掩护切入，③挤过或与①穿过，或交换防守练习。如此反复进行练习，到一定次数后攻守交换。

参加者六人一组三攻三防。教师传球给①的同时，②给①做后掩护，①将球回传给教师后借掩护之利切入篮下，这时❷一边跟防一边通知❶，当①切入时❷突然换防①并准备断教师传给①的高吊球，此时❶要抢占内侧防守位置，防止②接教师的球。①切入后给③做后掩护，②拉开到左侧边线。依次练习数次后攻防交换(图 6. 29)。

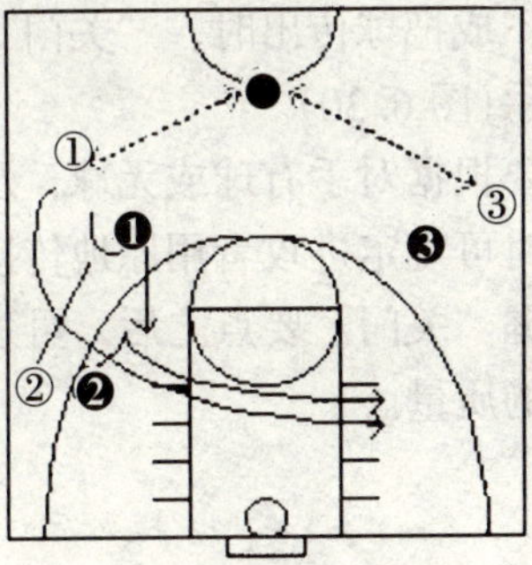


图 6. 29

### 6. 12. 3 关门防守配合

“关门”是邻近的两个防守者协同防守持球突破的配合方法。当进攻者持球突破时，防守突破队员应向侧后方滑步，这时邻近突破一侧的防守者也应及时向进攻者突破方向滑动，与防守突破者靠拢，像两扇门一样“关闭”起来，迫使进攻者失误或造成撞人犯规。

关门防守配合的练习方法

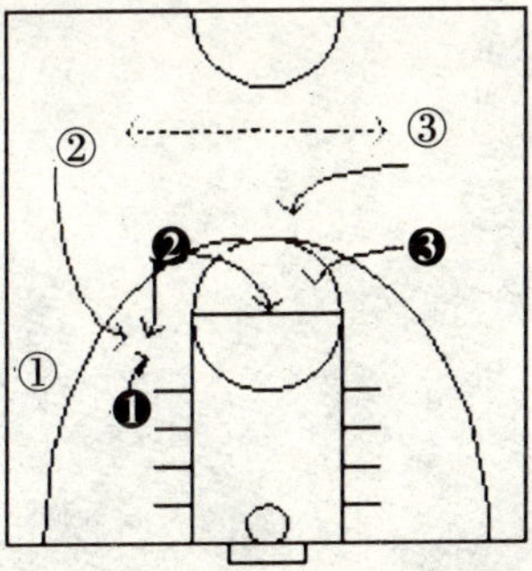


图 6. 30

参加者三攻三防。①、②、③在外围相互传球，寻找机会从①与②或②与③之间突破。①、②、③除了要防住自己的对手外，还要协助邻近同伴进行“关门”，不让对方突破到篮下。当进攻者突破不成把球传出时，“关门”的队员还应快速分开去防自己的对手(图 6. 30)。

要求：防守者要根据对手有球或无球，及时选择有利的防守位置。开始练习时可规定进攻者用原地传接球，以帮助防守者练习。当基本掌握“关门”要点之后，可适当增加进攻灵活性，提高“关门”的质量。

# 训练篇

# 7　篮球身体素质训练方法

## 7.1 篮球运动员身体训练的任务、分类及特点

### 7.1.1 篮球运动的项目特点

篮球运动中，快速多变是灵魂，技术对抗是手段，身体对抗是基础，速度力量是保障，投篮得分是目的。

篮球运动是一项以投篮得分为目的，攻防快速多变的速度力量型、对抗性体能、技能项目。构成篮球运动员体能水平的主要因素是专项速度、整体力量和运动耐力。

### 7.1.2 篮球运动员身体素质训练任务

要全面发展运动员的体能、体质，提高与篮球技、战术相关的专门素质，挖掘运动员的身体技能潜力，尤其是提高构成篮球技术、战术要素的速度、爆发力、灵敏、协调反应和平衡能力。从而保证运动员掌握难新技术的数量和质量，提高运动员的竞技水平，增强篮球比赛的对抗性、应变性能力，延长运动员寿命，减少运动创伤，培养优良作风和顽强的意志品质。

### 7.1.3 篮球运动员身体素质训练分类

一般身体素质训练：运动训练普遍采用的训练方法手段，以增进运动员的健康，提高各器官系统的机能，全面发展运动素质以及改善运动员体型和姿态。

专项身体素质训练：根据篮球专项运动的特点与对运动素

质的专门要求，采取与专项运动有紧密联系的训练手段和方法，以提高专项运动素质和使体型适应专项的要求。

### 7.1.4 篮球运动员身体训练特点

要求运动员专项身体素质必须全面发展。根据比赛要求、进攻位置与特点，运动员专项素质的发展应有所侧重。内线高大队员要求有突出的对抗性力量和较高的跳跃能力，外线队员要求有良好的灵敏素质和较快的反应起动能力。

## 7.2 篮球运动员身体训练原理、负荷安排和负荷评定

### 7.2.1 篮球运动员身体训练原理

篮球教练员根据运动训练原理，运用身体训练方法合理负荷与间歇，每次练习负荷是在上次负荷尚未恢复的情况下再加负荷，然后调整，获得超量恢复，这样训练效果好。

### 7.2.2 篮球运动员身体训练负荷

身体训练负荷包括密度和强度。负荷密度指数有次数、距离、时间、重量等。在一次训练课中准备部分密度较大，强度逐步增大，在基本部分中一般训练密度、强度都要求很大，强度的要求比密度的要求更加重要。在结束部分多采用练习密度大、强度小的练习手段，逐步过渡到消极性休息。

资料显示：篮球专项训练课的练习密度约 40%，篮球比赛中的训练密度约 55%。实践表明，一堂训练课中快跑的总距离往往是比赛的两倍。

### 7.2.3 篮球运动员身体训练间歇

在训练中，间歇安排与运动负荷的关系密切，负荷强度大，练习密度大，间歇时间长；负荷强度小，练习密度大，间

歇时间短；负荷强度大，练习密度小，间歇时间长。

速度训练的间歇安排时间较长，力量练习的间歇安排时间需要在上次练习完全恢复的情况下再安排下一次练习。耐力练习的间歇时间一般安排 3～5 分钟，灵敏和柔韧素质的负荷量和强度相对较小，间歇时间短。

训练和比赛的间歇形式由于生理负荷和心理压力不同，间歇方式也不同。训练中间歇以长时间为主，短时间为辅，比赛间歇往往是短时间，高频率。

### 7.2.4 篮球运动员身体训练负荷判定

篮球身体训练负荷监测方法有两种：一是从运动学角度，主要有密度、强度(速度、远度、高度、频率、单项练习的重量或练习难度)、心率、心电图。二是从生物学角度进行判定，主要有乳酸、血尿蛋白、尿胆红素等。

(1)利用心率判定运动负荷

心率是篮球教练员科学控制运动训练最常用的办法。训练课中，练习后的平均心率为 120 次/分被认为是小运动负荷；平均心率为 150 次/分被认为是中等负荷；平均心率为 180 次/分被认为是大运动负荷。文献资料证明：训练课的平均心率通常为 140 次/分左右，比赛心率平均在 160 次/分以上。比赛中出现的最高频率的心率次数常常高出平时训练心率的 30%。

(2)利用血乳酸评定运动负荷

血乳酸值是篮球身体训练课中监测的主要办法，篮球运动员血乳酸浓度正常值为 1 毫克分子/升，血乳酸值超过临界值 4 毫克分子/升为大强度运动负荷，3.6 毫克分子/升以下为小强度运动负荷。

发展无氧能力通常采用 10～12 毫克分子/升的相对应的速度；发展有氧能力通常采用 3.6～4 毫克分子/升的相对应

的速度进行训练。

篮球专项速度耐力素质训练中，往往采用3人直线快攻的方法进行训练，当采用90%～100%的速度完成3个往返上篮，用以发展无氧能力；采用80%速度完成5个以上往返则主要发展有氧能力。

## 7.3 篮球专项力量素质训练

### 7.3.1 力量素质的种类

最大力量：运动员在随意性肌肉收缩中所表现出来的最大克服阻力的能力。主要取决于肌肉的生理横截面和最大的意志紧张力，同时，不同工作肌的关节角度对最大力量的发挥有重要影响。

速度力量：人体肌肉在快速收缩时所表现出克服阻力的能力。

力量耐力：运动员长时间保持合理动作的能力。

三种力量相互促进，相互影响，但过分发展某种力量素质，会影响另一种力量素质发展。

### 7.3.2 影响力量素质的主要因素

动力肌的生理横断面红、白肌纤维的比例、参入肌肉工作运动单位的数量。

协同肌的同步性和对抗性肌退让性工作的协调配合。

在篮球实践中还受到各种技术动作力学结构的影响。

### 7.3.3 篮球比赛中对抗力的表现形式

篮球比赛中的对抗力在实践中有两种表现形式：在地面发生身体接触和在空中发生身体接触。

在移动中发生身体接触时，主要是在短时间内发挥最大肌

力，即最大力量地发力在时间上比对手快，对抗力就强。

跳起在空中时的身体碰撞则主要利用身体的惯性力和协调控制身体的平衡能力，保持运动轨迹，完成技术动作。

### 7.3.4 力量训练理论和方法上存在的误区

力量训练缺乏计划性、系统性和针对性。没有根据篮球运动特点对力量练习手段进行分析和筛选。力量的构成和分类认识不清。篮球比赛主要需要的是快速力量和快速力量耐力。力量训练忽视篮球专项动作的肌肉工作特点。

力量训练杠铃挂帅，方法单一落后。

力量训练内容的偏差与误区。

### 7.3.5 篮球专项力量素质训练的要求

(1)要针对运动员专项素质弱点，区别对待 。

(2)要科学地安排训练计划。

(3)要注意各肌肉力量的平衡发展 。

(4)要适时地专门安排训练时间 。

(5)要根据训练任务的不同安排训练计划。

(6)要克服片面发展绝对力量。

(7)要力求选择与篮球运动技术、结构相一致的动作方法。

### 7.3.6 力量训练阶段划分

建设性力量训练阶段(打基础阶段)：是整个力量训练的物质准备阶段，目的主要是全面提高各部肌肉的健康水平和负荷收缩能力，为以后难度更大的专项训练打下全面基础。训练负荷从小到适中，逐步增加，持续时间可安排 2~4 周。提高最大力量阶段：提高肌肉克服最大阻力的能力，目的是为了快速力量和弹跳力服务。持续时间约 2 个月，使发展的力量转变为专项爆发力或专项力量。耐力阶段：根据运动项目需要和特点，训练获得最大力量必须在运动专项中表现出来，即必须转变为专项所需要的爆发力和力量耐力。保持阶段：保持前面各阶段已经获得的力量训练水平。过渡阶段：主要任务是消除疲劳，全身各部肌肉的营养性训练。

### 7.3.7 力量训练的各个阶段负荷安排(表7.1)

表7.1

| | 肌肉增生 | 基本力量 | 体能高峰 | 保持 | 积极性休息 |
|---|---|---|---|---|---|
| 组数 | 3－4 | 3－4 | 3－4 | 3 | 1－2 |
| 次数 | 8－12 | 4－6 | 2－3 | 10－8－6 | 15－20 |
| 强度 | 低 | 高 | 高 | 中等 | 低 |
| 运动量 | 大 | 中等 | 小 | 中等 | 大 |

### 7.3.8 篮球专项力量素质训练的方法

7.3.8.1 肌肉增粗力量训练方法

(1)负荷强度：要采用本人最大极限负重量的60%～85%的强度进行重复练习，100%的极限负荷强度应慎用和少用。

(2)练习重复次数和组数：每组4～8次，可做5～8组，最后几组和次数必须坚持做完。

(3)练习持续时间：每次练习的动作速度要稍慢一些，通常在4秒钟完成一次动作。

(4)组间的间歇时间：在上一组练习肌肉所产生的疲劳得到基本消除后，再进行下一组练习为宜。

7.3.8.2 改善肌肉内协调能力最大力量训练方法

(1)负荷强度：最大极限负重量的85%以上强度。

(2)练习重复次数和组数：每组1～3次，可做5～8组。

(3)练习持续时间：每次练习的动作速度要适当加快，通常2秒钟左右。

(4)组间间歇时间：一般3分钟左右，或再长一些。

7.3.8.3 负重发展速度力量的方法

负荷强度:一般多采用本人最大力量的40%～60%的强度。

练习次数和组数：通常每组重复练习 5 ~ 10 次，做 3 ~ 6 组组间的间歇时间应较充分，通常 2 ~ 3 分钟。

练习的动作要协调、流畅、正确，并尽量与专项技术动作结合。

7. 3. 8. 4 不负重发展速度力量的方法

跳深练习：一般可从 50 ~ 60 厘米的高度跳下，双足落地后，立即往另一个 100 厘米左右的高度上跳。以 6 ~ 8 次为一组，做 6 ~ 8 组，组间间歇 2 ~ 3 分钟，做各种跳跃练习。

7. 3. 8. 5 力量耐力的主要训练方法

(1)练习的强度：发展克服较大阻力的力量耐力，采用本人最大力量的 75% ~ 80% 的负荷进行重复练习；若发展克服较小阻力的力量耐力，则最小负荷强度不能低于本人最大负荷强度的 35% 。

(2)练习重复次数和组数：一般要达到极限的重复次数，组数应视具体情况而定。

(3)练习持续时间不应过长。

(4)练习间歇:要在未完全恢复的情况下就进行下一组练习。

7. 3. 8. 6 专项力量素质训练

(1)利用专门器材进行技术训练。

(2)结合球的爆发力量训练：提高身体对抗能力的训练、以少打多的训练方法、辅助阻力的训练方法、模拟比赛要求的训练。

## 7. 4 篮球专项弹跳素质训练

弹跳素质是通过下肢和全身协调用力，使人体迅速弹起腾空的能力。弹跳素质是一项综合素质，训练时必须抓力量、速度和协调性这几个重要因素，还要与技术训练相结合。篮球运动员的弹跳力表现在比赛中具有二维的方向性和快速连续性。

### 7.4.1 篮球专项弹跳素质训练要求

篮球运动员弹跳素质的早期培养，应以小肌肉群的弹跳练习为主，改善肌肉用力的协调性。要注意灵敏和柔韧的培养，提高运动员身体重心转换能力和控制能力。要结合专项进行，使篮球专项技术动作与跳起的高度和远度吻合。

### 7.4.2 发展弹跳力的训练方法

(1)提高踝关节的弹速训练(大强度、多组数)，改善协调能力的各种跳跃训练。

(2)加强大腿和腹背肌爆发力的训练。

### 7.4.3 提高弹跳力应注意的问题

(1)用各种跳跃来发展弹跳力时，要注意防止膝、踝、脚弓局部负担过重。

(2)大强度训练后，摸物或跳深练习应安排在课的高峰期内进行。

(3)一般跳绳、脚勾重物、脚腕操可安排在早操或准备活动内。

(4)跪跳起、立卧撑跳安排在整理活动完成。

(5)要特别注意抓好腹背肌的提高训练。

### 7.4.4 提高弹跳力计划安排

(1)每周 1 ~ 2 次，每次 15 ~ 30 分钟，间歇 2 ~ 3 天。总的持续次数 80 ~ 120 次，组间间歇 2 ~ 4 分钟，强度低。

(2)每周 1 ~ 2 次，每次 15 ~ 30 分钟，间歇 2 ~ 3 天。上体或下体总的持续次数：新手 25 ~ 75 次，老手 50 ~ 100 次，组间间歇 1 ~ 3 分钟，强度由低到中。

(3)每周 2 ~ 3 次，每次持续 30 ~ 45 分钟，间歇 2 天。上体或下体总的持续次数：新手 100 ~ 150 次；老手 150 ~ 200 次，组间间歇 1 ~ 2 分钟，强度由中到高。

# 7.5 篮球专项速度素质训练

## 7.5.1 速度素质的种类

(1)反应速度：运动员对种种外界刺激快速应变的能力。

(2)动作速度：运动员快速完成某一动作的能力。

(3)动作频率:在单位时间内运动员完成同一动作的次数。

(4)移动速度：单位时间内运动员通过一定距离的能力，是上述三种速度素质综合表现的一种快速运动能力。

## 7.5.2 速度素质的特征

篮球运动员的速度在激烈比赛中主要表现为连续反复的快速度冲刺。篮球专项速度主要是起动速度、加速跑速度和速度耐力，影响其因素主要是速度力量和髋、膝、踝关节的爆发力和上肢的摆动力量。篮球运动员的速度素质在动作结构方面的特点是身体重心低，不断改变运动方向，在短距离内能发挥最大的速度能力。

## 7.5.3 篮球专项速度素质训练的要求

(1)篮球运动员的速度特点是低重心，在没有充分蹬伸的情况下快速移动。

(2)要培养运动员对时空特征的反应判断能力，并使运动员具有良好的反应起动速度。篮球运动员的快速跑动应与技术动作协调，使运动员在运用技术过程中不降低跑动速度或减少速度损失。

## 7.5.4 篮球专项速度训练方法

(1)反应起动速度训练。

(2)动作速度训练：移动速度训练、运动频率的训练方法、运动幅度的训练方法。

### 7.5.5 反应起动速度训练法

篮球运动员反应主要有：简单的信号反应、简单的预测反应、复杂的选择反应、复杂的分化反应。

训练方法主要有：

(1)熟悉专项动作，增加运动技术动作的信息量，从而提高人体的积极感知能力，缩短反应时的潜伏期。

(2)缩短运动各环节。

(3)提高运动员对时空动作相互影响的预测能力。

### 7.5.6 动作速度训练方法

反复加强单个动作的关键环节和组合动作的衔接动作速度，提高完成动作速度的频率。

#### 7.5.6.1 移动速度训练方法

运动频率的训练方法：在保证一定动作幅度的情况下，通过改进技术，提高素质，在一定时间内尽量多地完成各种动作次数。运动幅度的训练方法：主要采用改进技术动作，提高技术的伸展性、关节的灵活性及肌肉的力量素质，最大限度地利用篮球运动员的身体条件。

#### 7.5.6.2 利用跳来提高跑速

跨步跳是篮球运动员速度训练非常有价值的手段，跳跃训练时应注意：

(1)准备期的前半部分，跳跃练习以量为主，准备期的后半部分和比赛期以短跳和50米跨步跳为主。

(2)阶段性训练以长跳开始，逐渐变换成大强度的短跳练习。

(3)短跳在速度训练前练习，长跳在速度训练后练习。

(4)大运动量跳跃训练后的下一次课，应以较长距离的反复跑(200米)来加强速度耐力。

## 7.6 篮球专项耐力素质训练

### 7.6.1 耐力素质的种类

根据耐力素质和篮球运动的关系，耐力素质可分为一般耐力和专项耐力。发展一般耐力，经常采用持续匀速和变速负荷的方法。负荷强度一般应控制在接近无氧代谢的强度，心率控制在 160 次/分左右。

### 7.6.2 发展专项耐力素质

(1)篮球运动员在发展专项耐力的训练中，要特别注意专项总体代谢特点，科学合理地安排训练。

(2)发展专项速度耐力训练，一般以发展非乳酸性无氧耐力为主，采用 95% 左右强度、心率可达 180 次/分的训练方法，重复组数在 5 ~ 6 组。

(3)发展乳酸性无氧耐力，负荷强度控制在本人可承受最大强度的 85% ~95%，心率在 160 ~ 180 次之间，负荷时间可控制在 1 ~ 2 分钟，间歇时间逐渐缩短。

(4)专项耐力训练要注意安排长时间专项对抗练习或加大防守和进攻技术训练强度，以提高运动员在疲劳情况下运用技、战术能力。

### 7.6.3 篮球专项耐力素质的特征

篮球运动员的耐力素质主要以糖酵解的供能形式为主，因此，在篮球专项耐力的训练安排中，要以最大乳酸产生能力和耐乳酸能力的训练为主，有氧氧化供能形式的训练为辅，并处理好两者之间的关系。

### 7.6.4 篮球专项耐力训练的要求

(1)在阶段训练计划中，在准备阶段应更多地发展无氧耐力，在准备阶段后期或赛前阶段则应更多地发展无氧能力。在周训练计划中，每周一般只安排 2～3 次强度大或持续时间长的大运动量耐力训练。

(2)篮球运动员耐力训练首先要提高有氧耐力水平。在此基础上，再采用无氧的训练方法。

(3)篮球运动员的耐力训练要突出专项耐力。专项耐力训练要先增加运动量，再增加运动负荷强度。

(4)耐力训练要常年进行，练习内容要多种多样。

### 7.6.5 篮球专项耐力素质训练方法

(1)持续负荷法

持续负荷法的基础是保持最大吸氧量水平，提高人体有氧代谢水平、心率控制在 150 次左右。方法常采用匀速跑、变速跑和超越跑。专项训练主要是安排快攻、防守步法和趣味性活动。

(2)重复负荷法

重复负荷法的基础是无氧代谢，负荷最大心率达 28 次/10 秒以上，组间休息 5 分钟左右，心率下降至 15 次左右/10 秒，再进行下一次负荷刺激。如 400 米做 5～10 组，计时。或采用不同强度安排各种重复性练习，在篮球训练中可安排 1～5 组往返，然后再安排 5～1 组往返。

(3)间歇负荷法

间歇训练法的基础是有氧和无氧的混合代谢。负荷采用 50% 左右的有氧和 50% 左右的无氧进行，心率上限为 28 次左右/10 秒，间歇时间在没有完全恢复的(18 次左右/10 秒)情况下再进行下一次练习的刺激。如各种连续跑在 40 秒左右练习，重复进行。三人快攻 3 个往返以上 5～10 组。篮下连续 1 打 1、1 打 2 进 10 个球。

## 7.7 篮球专项灵敏素质训练

灵敏素质是在各种突然变换的条件下，运动员能够迅速、准确、协调地完成动作的能力。灵敏素质包括速度、爆发力和平衡能力。

### 7.7.1 篮球专项灵敏素质训练的要求

(1)灵敏素质的负荷强度较大，持续时间不宜过长(10 秒钟左右)，练习安排在每次课精力最充沛阶段。

(2)儿童和青少年应加强灵敏素质的训练，特别要大力发展与灵敏相关的某些专项素质。

(3)经常进行篮球专项的脚步动作练习，提高身体重心的转换能力。

(4)重视专项灵敏素质发展，使队员参加各种比赛，了解篮球运动技战术的时空特征。

### 7.7.2 篮球专项灵敏素质的训练方法

(1)形成最有利的篮球专项移动动作姿势，提高各种运动动作的平衡和身体重心的转移能力。

(2)全面发展对形成灵敏素质有重要影响的相关能力。

(3)通过换项训练培养运动员在新异和复杂环境下的主动性和创造性。

### 7.7.3 体能自我测试方法

(1)爆发力：垂直上跳。

(2)灵敏素质：20 码往返跑，从中间开始跑，左右各 5 码(<4 秒)。

(3)无氧耐力:300 码往返跑,丈量 25 码,往返 6 次(<46 秒)。

(4)肌肉力量和耐力：俯卧撑(>60 次)；引体向上(>16

次)；仰卧起坐(1 分钟>60 次)。

(5)柔韧素质：分腿直体坐，体前屈，双手摸脚尖前方(>10 英寸)。

**图书在版编目(CIP)数据**

篮球技巧/王刚编著．—北京：中国社会出版社，2006.9

(大众体育技巧丛书/陶志翔主编)

ISBN 978-7-5087-0990-1

Ⅰ.篮… Ⅱ.王… Ⅲ.篮球运动-运动技术 Ⅳ.G841.19

中国版本图书馆 CIP 数据核字(2006)第 071844 号

---

**丛 书 名**：大众体育技巧丛书

**主　　编**：陶志翔

**书　　名**：篮球技巧

**编 著 者**：王　刚

**责任编辑**：薛丽仙

---

**出版发行**：中国社会出版社　　　**邮政编码**：100032

**通联方法**：北京市西城区二龙路甲 33 号新龙大厦

电　话：(010)66080300　　(010)66083600

(010)66085300　　(010)66063678

邮购部：(010)66060275　　电传：(010)66051713

**网　　址**：www.shcbs.com.cn

**经　　销**：各地新华书店

---

**印刷装订**：北京市优美印刷有限责任公司

**开　　本**：140mm×203mm　1/32

**印　　张**：6.25

**字　　数**：150 千字

**版　　次**：2006 年 9 月第 1 版

**印　　次**：2014 年 7 月第 7 次印刷

**定　　价**：12.00 元